DIE MARVEL KINOFILME
Von Iron Man bis Avengers Infinity War

ADAM BRAY

INHALT

4	EINLEITUNG

MARVEL CINEMATIC UNIVERSE: DIE BASICS

8	WAS IST MARVEL?
10	WER SIND DIE HAUPTAKTEURE?
12	WAS SIND SUPERKRÄFTE?
14	WO SPIELEN DIE FILME?
16	WO KOMMT DIE GANZE TECHNIK HER?
18	WELCHEN FILM SCHAUE ICH ZUERST?
20	WARUM SOLL ICH DEN ABSPANN ANSCHAUEN?

PHASE 1

24	**CAPTAIN AMERICA: THE FIRST AVENGER**
26	WER IST DENN CAPTAIN AMERICA?
28	WAS IST HYDRA?
30	**IRON MAN**
32	WARUM DIE RÜSTUNG?
34	WAS IST MIT TONYS HERZ?
36	**IRON MAN 2**
38	WAS IST BLOSS MIT TONY LOS?
40	WER IST WAR MACHINE?
42	**THOR**
44	IST THOR EIN GOTT?
46	WAS HAT THOR AUF DER ERDE VOR?
48	**MARVEL'S THE AVENGERS**
52	WAS IST S.H.I.E.L.D.?
54	WARUM WIRD BRUCE ZUM HULK?
56	KAMPF UM NEW YORK

PHASE 2

- **60** IRON MAN 3
- **62** WAS IST DIE NEUE BEDROHUNG?
- **64** WARUM EXPLODIEREN MENSCHEN?
- **66** THOR: THE DARK KINGDOM
- **68** WAS BEDROHT DIESMAL DAS UNIVERSUM?
- **70** IST LOKI BÖSE?
- **72** THE RETURN OF THE FIRST AVENGER
- **74** WER IST DER WINTER SOLDIER?
- **76** WARUM LÄUFT CAP WEG?
- **78** GUARDIANS OF THE GALAXY
- **80** WIE KAM DIE GRUPPE ZUSAMMEN?!
- **82** WER SIND DIE GEGNER DER GUARDIANS?
- **84** AVENGERS: AGE OF ULTRON
- **88** WER MAG DIE AVENGERS NICHT?
- **90** WARUM GEHT ULTRONS VISION NACH HINTEN LOS?
- **92** KAMPF UM SOKOVIA
- **94** ANT-MAN
- **96** WIE VERÄNDERT ANT-MAN SEINE GRÖSSE?

PHASE 3

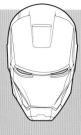

- **100** THE FIRST AVENGER: CIVIL WAR
- **102** WARUM GIBT ES EINEN CIVIL WAR?
- **104** SIND TIERKOSTÜME DER NEUE TREND?
- **106** DOCTOR STRANGE
- **108** WARUM SO… SCHRÄG?
- **110** GUARDIANS OF THE GALAXY VOL. 2
- **112** IST EGO GUT ODER BÖSE?
- **114** WER SIND DIE NEUEN GUARDIANS?
- **116** THOR: TAG DER ENTSCHEIDUNG
- **118** WAS IST RAGNARÖK?
- **120** BLACK PANTHER
- **122** WAS IST SO BESONDERS AN WAKANDA?
- **124** MARVEL STUDIOS' AVENGERS: INFINITY WAR
- **126** REGISTER
- **128** DANK

FANGEN WIR AM ANFANG AN ...

Marvel-Filme überall? Bist du unsicher, welcher Superheld wer ist, oder verwechselst du sie zwischen den Filmen? Dieses Buch beantwortet die wichtigsten Fragen.

1. Du bist nicht allein

Keine Angst, nicht jeder hat alle Marvel-Filme gesehen. Egal, wie es bei dir aussieht, dieses Buch ist für dich!

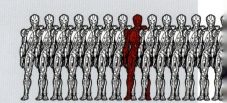

2. Beginne mit den Basics

Dieser Abschnitt gibt einen Überblick über alles, was mit den Marvel-Filmen zu tun hat. Fang hier an, um reinzukommen!

3. Film für Film

Worum geht es in den Filmen? Wir verschaffen dir zu jedem einen schnellen Überblick.

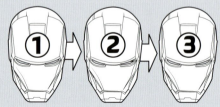

4. Erfahre mehr

Brennende Fragen? Tauche tiefer in jeden Film ein und finde Antworten auf alle Fragen zum Wer, Was, Wo, Wann und Warum.

5. Jetzt kann's losgehen

Loki und Laufey hältst du jetzt im Schlaf auseinander und kannst mit deinem neuen Wissen Eindruck schinden!

MARVEL CINEMATIC UNIVERSE: DIE BASICS

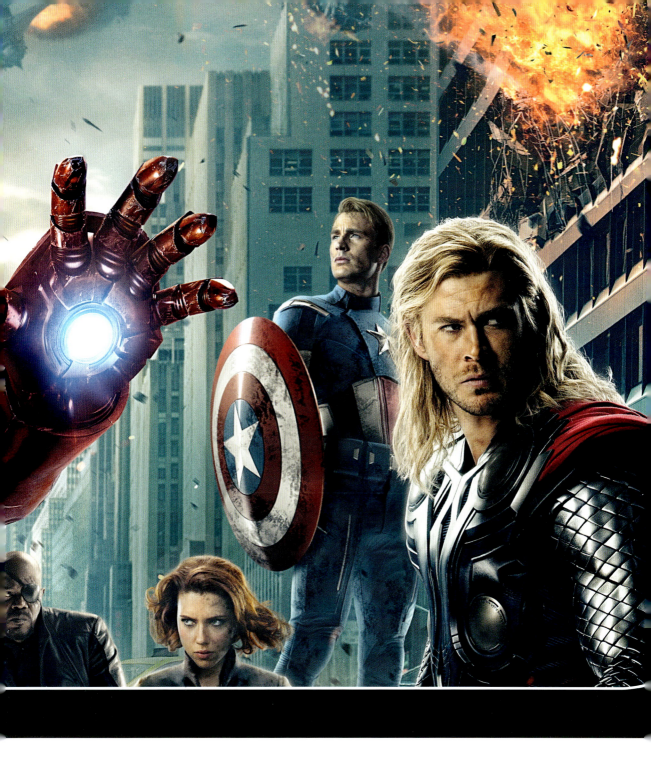

WER, WAS, WO, WANN, WARUM...

Ok, dann lautet meine erste Frage…

WAS IST MARVEL?

Ich weiß, dass allerlei Superheldenfilme herumschwirren und richtig angesagt sind. Was ist so toll daran? Wo hat es alles angefangen?

WAS IST MARVEL?

Marvel ist so einiges. Es fing als Comicverlag an, dessen Wurzeln bis ins Jahr 1939 zurückreichen. Seitdem hat Marvel auf der Basis der Comics und einer langen Liste von Superhelden viele verschiedene Projekte realisiert. Dazu gehören die Filme des MCU, Fernsehserien, Zeichentrickserien, Computerspiele und Spielwaren. 2009 wurde Marvel Bestandteil der Walt Disney Company.

ABER WOFÜR STEHT „MCU"?

MCU steht für „Marvel Cinematic Universe". Das MCU ist eine fortlaufende Filmreihe über die Abenteuer der Marvel-Figuren. Alle MCU-Filme sind unterschiedlich stark miteinander verknüpft. Sie sind in Phasen unterteilt.

WAS IST EINE „PHASE"?

Im MCU ist eine Phase eine Gruppe von Filmen, die bestimmte Handlungsbögen abbildet. Bisher gab es drei Phasen. Phase 1 hat ihren Höhepunkt beim Kampf um New York in *Marvel's The Avengers*, und Phase 2 endet mit *Ant-Man*. Der neueste Film in Phase 3 ist das Superheldenspektakel *Marvel Studios' Avengers: Infinity War*.

Phase 1

Phase 2

Phase 3

MARVEL CINEMATIC UNIVERSE: DIE BASICS

UNTERSCHEIDEN SICH FILME UND COMICS?

Ja! Die Filme sind von den Comics inspiriert, aber keine genaue Nacherzählung. Vieles wurde verändert – manche der Comics sind schon alt, deswegen wurden die Geschichten modernisiert und in die Gegenwart versetzt. Manche Handlungsstränge wurden anderen Figuren übergeben und einige Figuren sehen anders aus als ihre gezeichneten Versionen.

WER HAT DIE COMICS GEMACHT?

Joe Simon und Jack Kirby schufen 1941 *Captain America* (bevor das Unternehmen Marvel hieß). Autor und Redakteur Stan Lee und Zeichner Jack Kirby schufen *The Avengers* mit der ersten Ausgabe 1963. Das ursprüngliche Avengers-Team im Comic bestand aus Ant-Man, Wasp, Iron Man, Hulk und Thor. Captain America kam in Ausgabe #4 dazu.

UND WER MACHT DIE MCU-FILME?

Die MCU-Filme entstehen bei Marvel Studios, die zu den Walt Disney Studios gehören. Jedes Jahr werden mehrere neue Marvel-Filme produziert – genau jetzt, wenn du das liest, setzt Marvel Studios vermutlich den nächsten Superheldenfilm für dich um.

Ein paar Künstler im Überblick …

Kevin Feige ist Präsident von Marvel Studios und ein Produzent aller MCU-Filme.

Stan Lee ist früherer Hauptherausgeber und Vorsitzender von Marvel Comics (derzeit emeritierter Vorsitzender und Mitglied der Redaktionsleitung). Er hat in jedem MCU-Film einen Auftritt.

Anthony und Joe Russo (bekannt als Russo-Brüder) sind die Regisseure von *The Return of the First Avenger, The First Avenger: Civil War* und *Marvel Studios' Avengers: Infinity War.*

James Gunn führte Regie bei den *Guardians of the Galaxy*-Filmen.

Jon Favreau führte Regie bei den ersten beiden *Iron Man*-Filmen und spielt die Figur Harold „Happy" Hogan.

Joss Whedon ist Regisseur und Autor von *Marvel's The Avengers* und *Avengers: Age of Ultron.*

Jon Favreau (links) am Set von *Iron Man 2*, als Filmfigur Happy Hogan.

Alles klar. Es gibt ganz schön viele MCU-Filme, also...

WER SIND DIE HAUPTAKTEURE?

Es gibt den grünen Riesen, den Mann mit dem Hammer, die Frau mit dem Spinnennamen, den Magier, den Baum und den Waschbären... was verbindet sie? Offenbar sind das alles Superhelden, oder?

GROOT
Er ist Groot!

WAS IST EIN SUPERHELD?

Ein Superheld setzt außerordentliche Fähigkeiten ein, um anderen zu helfen: die Superkräfte. Die Fähigkeiten können angeboren sein, durch Training erworben, bei Unfällen oder Experimenten erlangt, oder sogar nur dem Einsatz von Technik geschuldet sein.

SIND ALLE MENSCHEN?

Nicht alle. Meist sind es Menschen von der Erde, aber es gibt auch Außerirdische von anderen Welten, etwa Thor und fast alle Guardians of the Galaxy. Superhelden können auch künstliche Wesen wie der Android Vision sein.

WER GENAU SIND DIE AVENGERS?

Manche (aber nicht alle) Superhelden gehören zu einem mächtigen Team, den Avengers. Die Teammitglieder arbeiten zusammen und vereinen ihre Kräfte, um die Erde vor Gefahren und Schurken zu schützen.

VERTRAGEN SICH ALLE AVENGERS?

Es ist kompliziert! Die Avengers werden oft durch Notlagen zusammengeworfen. Charakterschwächen – wie Hulks explosive Laune oder Tony Starks Ego – belasten die Freundschaften. Einige Mitglieder – wie Scarlet Witch – sind anfangs sogar Feinde und werden dann erst zu Freunden. Und natürlich belastet manchmal ein Streit das Team.

MARVEL CINEMATIC UNIVERSE: DIE BASICS

WER HAT DEN KNIFFLI-GEN ANFÜHRER-JOB?

Eigentlich Captain America, aber Tony Stark (Iron Man) übernimmt oft das Ruder. Tony war als Berater gedacht, aber beim ersten Kampf des Teams sind sein Führungstalent und die Ressourcen seiner Firma unabdingbar. Trotzdem scheinen Cap und Tony oft beide den Ton anzugeben, was zu Problemen führt.

KANN ALSO JEDER MITMACHEN?

Nein! Man muss ein Superheld sein und braucht eine Einladung. Gründungsmitglieder sind Hulk, Captain America, Iron Man, Thor, Black Widow und Hawkeye. Am Ende von *Avengers: Age of Ultron* treten Scarlet Witch, Vision, War Machine und Falcon bei, während Hawkeye aussteigt. Thor verlässt die Erde und Hulk ist verschollen!

Die Avengers
Die Ur-Avengers haben es im Kampf um New York mit Außerirdischen zu tun.

Superheld **Black Panther** kämpft für seine Familie und Frieden in seiner Heimat.

Ex-Einbrecher, Neu-Held **Ant-Man** lässt Technik nicht in falsche Hände fallen.

Die **Avengers** sind der stärkste Schutz der Erde gegen Kräfte, die sie erobern oder vernichten wollen.

Als Meister der mystischen Künste kümmert sich **Doctor Strange** um übernatürliche Bedrohungen für die Erde.

Fern der Erde sind die **Guardians of the Galaxy** Gesetzlose, die auf außerirdischen Welten kämpfen.

Es läuft niemand so schnell oder reist durch die Zeit, also…

WAS SIND SUPERKRÄFTE?

Die Helden und Schurken des MCU haben alle außergewöhnliche Fähigkeiten. Manche Fertigkeiten werden durch Training erlangt. Andere gehen auf Technik oder einen bizarren Unfall zurück. Manche Figuren werden sogar mit übernatürlichen Kräften geboren. Hier ist eine Auswahl!

MYSTIK
Reise durch Zeit und Raum, Portalöffnung, todschicke Roben – Magie halt!

DARIN AUSGEZEICHNET: DOCTOR STRANGE

KAMPF
Fiese rechte Haken, irre Kicks, Saltos wie bei Olympia, jetzt gibt's Kloppe!

DARIN AUSGEZEICHNET: BLACK WIDOW

INTELLEKT
Die Probleme der Welt lösen, coole Erfindungen, immer Recht haben (denkt er).

DARIN AUSGEZEICHNET: IRON MAN

SCHNELLIGKEIT
Herumflitzen, Feinde umhauen, bevor sie einen sehen, niemals mehr Busfahren.

DARIN AUSGEZEICHNET: QUICKSILVER

MARVEL CINEMATIC UNIVERSE:
DIE BASICS

STÄRKE
Autos stemmen, Cyborg-Wale kaputthauen, Hubschrauber herumwerfen.

DARIN AUSGEZEICHNET: HULK

UNFASSBAR
Durch Wände gehen, schweben, entkommen, wenn man lebendig begraben ist.

DARIN AUSGEZEICHNET: VISION

ZÄHIGKEIT
Niemals krankmelden, robust sein, Freunde schützen, sich neu wachsen lassen.

DARIN AUSGEZEICHNET: GROOT

NETZWERFEN
Um den Block schwingen, Riesen zu Fall bringen, Leute an Wände kleben.

DARIN AUSGEZEICHNET: SPIDER-MAN

FLUG
Über Kämpfen segeln, fallende Freunde fangen, sich die coolsten Aussichten geben.

DARIN AUSGEZEICHNET: FALCON

SCHRUMPFEN
Ins Lager des Bösen schleichen, Münzen hinter dem Sofa finden, auf Ameisen reiten.

DARIN AUSGEZEICHNET: ANT-MAN

Einige Orte sind bekannt, andere wie von einer fremden Welt...

WO SPIELEN DIE FILME?

NEW YORK CITY
Der „Big Apple" ist oft Stützpunkt der Avengers, aber auch beliebtes Ziel für Alien-Invasionen und mystische Wesen. Hier ist immer was los!

WASHINGTON D.C.
Die US-Hauptstadt beherbergt die Organisation S.H.I.E.L.D., sodass sie manchmal zum Schauplatz wird. Außerdem geht Cap dort gern joggen.

SOKOVIA
In diesem osteuropäischen Land ertönt der Schlachtruf der Anti-Avengers-Bewegung, nachdem es in einem riesigen Kampf zerstört wurde.

Die Filme spielen an vielen Orten – einige Schauplätze sind etwas merkwürdig. Über welche Städte, Länder und Welten sollte man Bescheid wissen?

SPIELEN ALLE FILME IM SELBEN UNIVERSUM?

Gewissermaßen! Alle MCU-Filme spielen – zumindest teilweise – im selben Universum. Für Fans ist das ziemlich cool, denn so können die Filme miteinander verbunden werden. Eines muss man aber wissen: *Doctor Strange* spielt zwar im selben Universum, die Figuren besuchen aber manchmal andere!

WIE SIND SIE VERBUNDEN?

Oft gibt es in MCU-Filmen Anspielungen, oder dieselben Figuren treten auf, aber am wichtigsten sind große Ereignisse (und ihre Folgen). Dazu gehört der Kampf um New York *(Marvel's The Avengers)* und um Sokovia *(Avengers: Age of Ultron)*, das Zerwürfnis zwischen den Avengers *(The First Avenger: Civil War)* und der Konflikt mit Thanos *(Marvel Studios' Avengers: Infinity War)*.

WO FINDET ALLES STATT?

Viele Ereignisse spielen in New York City, Washington D.C. und Südkalifornien, aber MCU-Filme können überall stattfinden. Zwei wichtige fiktive Länder sind das europäische Sokovia und das afrikanische Königreich Wakanda.

MARVEL CINEMATIC UNIVERSE: DIE BASICS

WARUM PASSIERT AUF DER ERDE DES MCU SO VIEL?

Aus vielen Gründen! Manche Superhelden wie Ant-Man oder Cap sind von der Erde. Manche Schurken halten die Erde für ein leichtes Ziel ohne wahre Stärke. Uralte und mächtige Waffen sind auf die Erde gelangt und werden auch von Außerirdischen gesucht, die damit das Universum beherrschen wollen!

UND ES GIBT ANDERE WELTEN, ODER?

Ja! Nicht-irdische Reiche betreffen oft Thor, die Guardians of the Galaxy und Doctor Strange. Thor und die Guardians verbringen viel Zeit im Weltall und auf außerirdischen Welten, während Doctor Strange mit Magie andere seltsame Dimensionen öffnet.

Thors Heimat ist das himmlische Reich **Asgard**. Dort gibt es elegante Bauten und eine schicke Regenbogenbrücke.

Die MCU-Dimension erweist sich als nur eine von unermesslich vielen, die zusammen das **Multiversum** ergeben!

SUPERHELDEN-STÜTZPUNKTE

Tony Starks Villa
Tony Starks schickes Haus mit Privatlabor steht auf einer kalifornischen Meeresklippe.

Neue Avengers-Anlage
Ehemalige Lagerhäuser von Stark Industries wurden zur neuen Basis und Wohnanlage im Norden von New York.

New York Sanctum Sanctorum
Die mystische Zuflucht von Doctor Strange, die er nach seinem Kampf in Hong Kong bezieht.

Avengers Tower
Der auch Stark Tower genannte Stützpunkt der Avengers steht in New York, bis sich der böse Android Ultron erhebt.

Pym-Residenz
Hank Pyms Villa in San Francisco dient als Trainingseinrichtung und Operationsbasis für Ant-Man.

Wakanda
Black Panthers abgelegenes Reich ist eine der fortschrittlichsten Nationen der Erde.

Es gibt so viele coole Fahrzeuge, Waffen und Geräte...

WO KOMMT DIE GANZE TECHNIK HER?

Captain Americas Schild, Falcons Jetpack, Spider-Mans Anzug... Geschäftsmann Tony Stark ist ein Angelpunkt der Avengers – ist er für die Technik zuständig?

STARK TOWER
Tony mag es gern subtil...

WAS IST STARK INDUSTRIES?

Stark Industries ist ein multinationaler Konzern, der Tony Stark (Iron Man) gehört. Tony übernahm die Firma mit 21 Jahren nach dem Tod seiner Eltern. Der Firmensitz (nicht zu verwechseln mit dem Avengers Tower in Manhattan) ist in Los Angeles. Mit dem Einkommen aus der Firma kann Tony als „Milliardär-Playboy-Menschenfreund" auftreten.

WER BAUTE DIESE MEGA-FIRMA AUF?

Stark Industries wurde 1939 von Tonys Vater Howard Stark gegründet. Howard taucht sogar in einigen Filmen auf. Als junger Mann wird er in *The First Avenger* vom Schauspieler Dominic Cooper verkörpert. Gerard Sanders stellt die Rolle in *Iron Man* dar. In *Ant-Man* und *The First Avenger: Civil War* wird er von John Slattery gespielt.

WAS STELLT STARK INDUSTRIES HER?

Am wichtigsten sind Tonys Iron-Man-Anzüge. Außerdem werden Industrieroboter, Fahrzeuge, Waffen und Munition hergestellt. Vieles davon ist für S.H.I.E.L.D. reserviert (einen Geheimdienst), für die US-Regierung und die Avengers. Das führt zurück bis zu Captain Americas Schild, den Howard im Zweiten Weltkrieg entwickelte.

MARVEL CINEMATIC UNIVERSE:
DIE BASICS

NUTZEN NUR DIE GUTEN STARK-TECHNIK?

Leider nein. Manchmal fallen die Waffen, die die Firma baut, in die falschen Hände. Bomben von Stark Industries verursachten beispielsweise den Tod der Eltern von Quicksilver und Scarlet Witch. Später, als Tony erfährt, dass die Terroristen von The Ten Rings seine Waffen einsetzen, schließt er die lukrative Waffenabteilung der Firma.

ALSO BENUTZEN ALLE STARK-TECHNIK?

Nein! Thors Hammer und die Ausrüstung der Guardians of the Galaxy sind außerirdisch, der Anzug von Black Panther stammt aus dem technisch weit entwickelten Land Wakanda. Ant-Mans Anzug wurde von Howards Konkurrenten Hank Pym entwickelt, und Doctor Strange rüstet sich mystisch aus.

Howard Stark wollte Hank Pym überzeugen, seine Schrumpfpartikel-Forschung zu teilen (ohne Erfolg).

Stark-Technik scheint fortschrittlich, aber neben Alien-Waffen (wie von den **Chitauri**) wirkt sie primitiv.

Wer hat's gebaut?

Captain Americas Schild
Der Schild ist aus Vibranium, mit dem seltensten Metall der Erde, gebaut von Howard Stark im Zweiten Weltkrieg.

Falcons Jetpack
Die derzeitige Prototyp-Version eines Militär-Wingsuits, offiziell EXO-7, wurde von Tony speziell für Falcon entwickelt.

Spider-Mans Anzug
Dieser Anzug ersetzt Peter Parkers selbstgemachtes Original. Tonys Anfertigung enthält einen Künstliche-Intelligenz-Assistenten.

Iron Mans Anzüge
Iron Man hatte viele Anzüge. Sie wurden alle von Tony entworfen und gebaut, im Haus in Malibu oder im Stark Tower.

Ant-Mans Anzug
Der Wissenschaftler Hank Pym baute den Ant-Man-Anzug im Kalten Krieg. Als erster Ant-Man bekämpfte Hank im Anzug die Sowjets.

Black Panthers Anzug
Der Kampfanzug aus Wakanda ist mit Vibranium gesäumt. Wie Caps Schild ist er nahezu unzerstörbar.

Es gibt so viele Figuren und so viele Filme...

WELCHEN FILM SCHAUE ICH ZUERST?

Alle Filme verbinden sich zu einer riesigen Geschichte. Du kannst die Filme in der Veröffentlichungsreihenfolge anschauen (so dass The First Avenger nach Thor kommt) – aber wenn du die Story so verfolgen willst, wie sie sich chronologisch abspielt, ist das der einfachste Weg:

1. CAPTAIN AMERICA: THE FIRST AVENGER (2011)
2. IRON MAN (2008)
3. DER UNGLAUBLICHE HULK (2008)
4. IRON MAN 2 (2010)
5. THOR (2011)
6. MARVEL'S THE AVENGERS (2012)
7. IRON MAN 3 (2013)
8. THOR: THE DARK KINGDOM (2013)
9. THE RETURN OF THE FIRST AVENGER (2014)
10. GUARDIANS OF THE GALAXY (2014)

MARVEL CINEMATIC UNIVERSE: DIE BASICS

11 AVENGERS: AGE OF ULTRON (2015)

12 ANT-MAN (2015)

13 THE FIRST AVENGER: CIVIL WAR (2016)

14 DOCTOR STRANGE (2016)

15 GUARDIANS OF THE GALAXY VOL. 2 (2017)

16 THOR: TAG DER ENTSCHEIDUNG (2017)

17 BLACK PANTHER (2018)

18 MARVEL STUDIOS' AVENGERS: INFINITY WAR (2018)

Was, wenn ich nur der Geschichte einer Figur folgen will?

Kein Problem – hier ist ein Leitfaden zu den Schlüsselfilmen!

Thor
1. *Thor*
2. *Marvel's The Avengers*
3. *Thor: The Dark Kingdom*
4. *Avengers: Age of Ultron*
5. *Thor: Tag der Entscheidung*
6. *Marvel Studios' Avengers: Infinity War*

Captain America
1. *Captain America: The First Avenger*
2. *Marvel's The Avengers*
3. *The Return of the First Avenger*
4. *Avengers: Age of Ultron*
5. *The First Avenger: Civil War*
6. *Marvel Studios' Avengers: Infinity War*

Iron Man
1. *Iron Man*
2. *Iron Man 2*
3. *Marvel's The Avengers*
4. *Iron Man 3*
5. *Avengers: Age of Ultron*
6. *The First Avenger: Civil War*
7. *Marvel Studios' Avengers: Infinity War*

Es gibt doch schon in den Filmen jede Menge zu verarbeiten...

WARUM SOLL ICH DEN ABSPANN ANSCHAUEN?

Im Abspann der Filme verstecken sich noch zusätzliche Szenen. Was finde ich dort und lohnt es sich, darauf zu warten?

Iron Man
Führt Nick Fury und die Avengers-Initiative ein.

Der unglaubliche Hulk
Tony Stark sagt General Thaddeus Ross, dass ein Spezial-Team gebildet wird.

Iron Man 2
Agent Coulson deutet Thor an, indem er seinen Hammer zeigt.

Thor
Loki beeinflusst Selvig am Tesserakt.

Captain America: The First Avenger
Nick Fury gibt Captain America einen Auftrag.

Marvel's The Avengers
1. Der Other informiert Thanos über Lokis Niederlage.
2. Die Avengers essen im Shawarma Palace.

Thor: The Dark Kingdom
1. Sif und Volstagg bringen den Äther zum Collector.
2. Thor trifft auf der Erde Jane.

Iron Man 3
Tony erzählt Bruce Banner seine Geschichte.

MARVEL CINEMATIC UNIVERSE:
DIE BASICS

Thor: Tag der Entscheidung
1. Ein riesiges Raumschiff überragt Thors und Lokis Schiff.
2. Der Grandmaster quatscht sich aus der Verantwortung.

Guardians of the Galaxy Vol. 2
1. Kraglin übt mit seinem neuen Pfeil.
2. Stakar holt sein Team zurück.
3. Ayesha enthüllt Adam.
4. Star-Lord rügt Teenage-Groot.
5. Die Watcher lassen Stan Lee sitzen.

Doctor Strange
1. Doctor Strange befragt Thor.
2. Mordo besucht Jonathan Pangborn.

The First Avenger: Civil War
1. Bucky erhält Asyl in Wakanda.
2. Peter Parker mustert neue Ausrüstung.

Ant-Man
1. Hank Pym schenkt Hope van Dyne den Wasp-Anzug.
2. Cap bespricht mit Falcon den Winter Soldier.

Avengers: Age of Ultron
Thanos trägt den Infinity-Handschuh.

Guardians of the Galaxy
1. Baby Groot tanzt.
2. Der Collector sitzt in seinem zerstörten Museum.

The Return of the First Avenger
1. Stellt Quicksilver und Scarlet Witch vor.
2. Bucky Barnes fällt ein, wer er ist.

„Denn wenn wir die Erde nicht schützen können, werden wir sie auf jeden Fall rächen!"
TONY STARK

PHASE 1

PHASE 1

CAPTAIN AMERICA:
THE FIRST AVENGER — **24**

DAS PASSIERT ...
Willkommen in den 1940ern! Der mickrige Steve Rogers wird zu Captain America. Im Krieg besiegt er einen rotgesichtigen Typen, endet aber in einem Eiswürfel ...

IRON MAN — **30**

DAS PASSIERT ...
Playboy Tony Stark wird von bösen Jungs gefangen. Er flieht im schicken Panzeranzug und verhindert die Pläne eines fiesen Mitarbeiters. Iron Man ist geboren!

IRON MAN 2 — **36**

DAS PASSIERT ...
Tonys Superheldendasein wird enthüllt. Ein erbitterter Feind mit Peitschen tritt auf, aber Tonys Kumpel War Machine und die Spionin Black Widow helfen.

THOR — **42**

DAS PASSIERT ...
Der Gott Thor wird auf die Erde verbannt. Er findet die Liebe, hält seinen intriganten Bruder Loki auf und wird für würdig befunden, einen Hammer zu schwingen.

MARVEL'S THE AVENGERS — **48**

DAS PASSIERT ...
Die Superhelden versammeln sich zur Weltrettung! Sie besiegen den nervtötenden Loki und schützen New York vor einer Alien-Armee mit Weltraumwalen.

CAPTAIN AMERICA:
THE FIRST AVENGER

ÜBERBLICK

Captain America: The First Avenger hatte im Juli 2011 Premiere. Es war der erste Captain-America- und der fünfte MCU-Film, aber der allererste im chronologischen Zeitverlauf der Marvel-Welt.

FUNDSACHE
In der heutigen Arktis entdecken Forscher ein Flugzeug im Eis. Darin finden sie einen markanten runden Schild. In einer anderen Szene in Tønsberg in Norwegen im Jahr 1942 stiehlt Nazi-Offizier (und Hydra-Anführer) Johann Schmidt eine Reliquie aus einer alten Kirche – den Tesserakt.

PFUSCH AM TESSERAKT
In der Zwischenzeit nutzen Schmidt und Dr. Arnim Zola den Tesserakt in Deutschland, um futuristische Waffen zu betreiben und die Weltherrschaft anzustreben. Schmidts Ehrgeiz sorgt dafür, dass er sich vom Naziregime loslösen will. Schmidt bekommt Dr. Erskines Aufenthaltsort in den USA heraus und schickt den Hydra-Attentäter Heinz Kruger.

ZEIT FÜR SUPERSOLDATENTUM
In New York City wird Steve Rogers 1942 wieder einmal wegen gesundheitlicher Probleme nicht rekrutiert. Mit seinem Freund Bucky Barnes will er es auf der Stark Expo nochmals versuchen. Dr. Abraham Erskine bekommt mit, dass Steve sich nach dem Militärdienst sehnt, und rekrutiert ihn für die Strategic Scientific Reserve (S.S.R.) ins Supersoldaten-Programm, das von Colonel Chester Phillips und Agent Peggy Carter betreut wird. Erfolg!

CAPTAIN AMERICA ENTSTEHT
In einer geheimen Regierungsanlage verabreicht Erskine Steve das Supersoldaten-Serum und steckt ihn in eine Metallkapsel, um ihn mit Vita-Strahlen zu beschießen. Zeit zur Verwandlung! Steve kommt größer und stärker heraus, doch dann greift Kruger an und tötet Erskine. Steve verfolgt Kruger, aber der Hydra-Agent begeht Selbstmord.

GELANGWEILT UND FRUSTRIERT
Mit wenig Hoffnung auf eine Fortsetzung des Supersoldaten-Programms ohne Erskine steckt die Regierung Steve in ein schickes Kostüm, nennt ihn „Captain America" (oder „Cap") und lässt ihn für den Verkauf von Kriegsanleihen werben – eine für ihn enttäuschende und etwas würdelose Aufgabe.

Steve will unbedingt die Nazis bekämpfen. Aber er wird einfach nicht rekrutiert.

CAPTAIN AMERICA:
THE FIRST AVENGER

ENTDECKUNG VON RED SKULL
Bei einer Tournee zur Front in Italien erfährt Cap, dass sein Freund Bucky verschollen ist. Er lässt sich von Peggy und dem Geschäftsmann Howard Stark hinter die feindlichen Linien fliegen. Steve entdeckt, dass Bucky und andere Soldaten in Schmidts Hydra-Festung festsitzen. Bei der Befreiung trifft Cap auf Schmidt, der seine Maske ablegt, um sein wahres Gesicht als Red Skull zu zeigen.

BUCKYS ENDE
Cap und Bucky bauen die Howling Commandos auf, um gegen Hydra zu kämpfen. Howard Stark versorgt sie mit High-Tech-Waffen, darunter einen runden Vibranium-Schild für Cap. Sie ergreifen Zola in einem Hydra-Zug, aber Bucky scheint in den Tod zu stürzen. Zola wird verhört und gibt den Ort von Schmidts letzter Festung preis.

Die Howling Commandos wollen auf einer Seilrutsche den Hydra-Zug mit Armin Zola entern. Sie wissen nicht, dass es eine Falle ist.

CAPTAINS OPFER
Steves Team infiltriert den Hydra-Stützpunkt, aber Schmidt hebt in einem Flugzeug mit Massenvernichtungswaffen ab, die für amerikanische Städte bestimmt sind. Steve steigt mit ein und kämpft gegen Red Skull. Dabei nutzt Red Skull den Tesserakt, verschwindet aber in einem Energiestrahl. Der Tesserakt fällt ins Meer. Steve lässt das Flugzeug abstürzen, damit es seine Ziele nicht erreicht.

IN DIE ZUKUNFT!
Steve wacht in einem Krankenzimmer im Stil der 1940er-Jahre auf, merkt aber, dass er das Baseball-Spiel im Radio schon kennt. Daraufhin rennt er nach draußen und findet sich auf dem heutigen Times Square wieder. S.H.I.E.L.D.-Leiter Nick Fury erklärt ihm, dass er fast 70 Jahre geschlafen hat.

DIE GUTEN

CAPTAIN AMERICA (STEVE ROGERS)
US-Held, tiefgekühlt

BUCKY BARNES
Waffengefährte und Caps Freund

PEGGY CARTER
Mutige Soldatin, gebrochenes Herz

HOWLING COMMANDOS
Die Besten der Besten, Cap-Fans

DR. ABRAHAM ERSKINE
Guter Arzt, schlecht im Überleben

HOWARD STARK
Unternehmer, Tonys Starks Dad

DIE BÖSEN

RED SKULL (JOHANN SCHMIDT)
Rot angelaufener Hydraboss

DR. ARNIM ZOLA
Arzt des Bösen, Hydra-versessen

Ich weiß, dass er rot-weiß-blau trägt und einen Schild hat...

WER IST DENN CAPTAIN AMERICA?

Der Typ ist eindeutig Patriot, und ich glaube, es gibt ihn schon ziemlich lange. Aber wo kam Captain America her? Und ist er Soldat oder Einzelkämpfer?

CAPTAIN AMERICA
Der erste Avenger

WAR CAPTAIN AMERICA IMMER EIN SUPERHELD?

Nein, war er nicht! Steve Rogers war jedoch ein mutiger, ehrenhafter und patriotischer junger Mann, bevor er Captain America wurde. Mehrfach will er zum US-Militär, um im Zweiten Weltkrieg zu kämpfen, aber wegen Gesundheitsproblemen und schwächlicher Statur wird er abgelehnt.

WIE WIRD STEVE ROGERS CAPTAIN AMERICA?

Steve begegnet Dr. Abraham Erskine, der ihn als Freiwilligen am Supersoldaten-Programm teilnehmen lässt, das offiziell Projekt: Wiedergeburt heißt. Dr. Erskine verabreicht Steve ein hochgeheimes Serum und behandelt ihn mit „Vita-Strahlen". Das alles macht aus dem schmächtigen Rekruten einen perfekten Soldaten. Hurra!

> „Wirst du Captain America in die eisigen Klauen des Todes folgen?"
> *STEVE ROGERS*

CAPTAIN AMERICA: THE FIRST AVENGER

WARUM WÄHLT DR. ERSKINE STEVE AUS?

Erskine glaubt, dass nur jemand, der weiß, wie es ist, schwach zu sein, die Stärke eines Supersoldaten mit Demut einsetzen wird. Oder, anders ausgedrückt: Weil der spindeldürre Steve jemand ist, der sich immer gegen Grobiane stellt, obwohl er jedes Mal verhauen wird!

WAS IST DIE MISSION?

Anfangs ist das unklar. Steve hätte nur der erste Supersoldat von vielen werden sollen, aber Dr. Erskine wird vom Hydra-Agenten Heinz Kruger getötet – und mit ihm stirbt das Geheimnis des Serums. Das US-Militär hat keine Verwendung für nur einen Supersoldaten! Nachdem sein Freund Bucky von Hydra gefangen wird, nehmen die Dinge aber richtig Fahrt auf.

WIE KAM STEVE IN DIE HEUTIGE ZEIT?

Captain America steigt in ein Hydra-Flugzeug, das Massenvernichtungswaffen auf die USA werfen will. Um sein Land zu retten, muss er das Flugzeug heldenhaft in der Arktis abstürzen lassen. Cap wacht in der Jetztzeit auf, da ihn das Eis und sein extrem widerstandsfähiger Supersoldaten-Organismus konserviert haben. Er wird von den S.H.I.E.L.D.-Agenten gerettet, die man im Prolog des Films sah.

Steve kommt als neuer Mensch aus der **Vita-Strahlen-Kammer**! Er ist schneller und stärker als jeder normale Mensch.

Du ahnst es vielleicht noch nicht, aber **James Buchanan „Bucky" Barnes** wird noch wichtig für das MCU. Spannend!

S.S.R.-Agentin **Peggy Carter** arbeitet beim Projekt: Wiedergeburt. Sie bildet Steve aus und verliebt sich in ihn.

Jeder Superheldenfilm braucht Schurken …

WAS IST HYDRA?

Ich habe einen Kerl mit roter Halloween-Maske und Leute mit einem Totenschädel-Oktopus-Symbol gesehen. Wer sind diese Typen und warum ist Captain America gegen sie?

Hydra-Symbol
Tentakel und Knochen

WER IST DER KERL MIT DEM ROTEN GESICHT?

Der Mann, der aussieht, als hätte er zu viele Chilis verspeist, ist Johann Schmidt, Hydra-Anführer. Man nennt ihn aus offensichtlichen Gründen Red Skull. Sein „normales Gesicht" ist tatsächlich das rote! Das wird während einer Konfrontation mit Captain America spät im Film enthüllt.

WAS IST BLOSS MIT IHM PASSIERT?

Schmidt stahl eine frühe Version von Dr. Erskines Supersoldaten-Serum und verabreichte es sich, um Superkräfte zu erlangen. Das lief ganz und gar nicht gut! Obwohl es Schmidt überragende körperliche Fähigkeiten verlieh, verunstaltete es ihn auch schrecklich.

> „Ganz einfach, meine Herren, ich habe die Macht der Götter gezähmt."
> *JOHANN SCHMIDT*

UND WAS IST HYDRA?

Hydra ist die Nazi-Wissenschaftsabteilung mit Stützpunkten, Fabriken und Agenten überall auf der Welt. Es ist fast wie ein Kult und die Agenten sind Red Skull und Hydra sehr viel treuer als Hitler selbst.

IST SCHMIDT EIN NAZI?

Schmidt fängt als Nazi an, aber er und Hydra arbeiten unabhängig vom Regime. Schmidt glaubt bald, dass Hydra in Hitlers Schatten nicht weiter gedeihen kann. Sobald Schmidt den Tesserakt in seinen Händen hält, wendet er sich gegen die Nazis und setzt Berlin auf die Liste der zu zerstörenden Ziele.

WAS IST DER TESSERAKT?

Der Tesserakt ist ein rätselhaftes Objekt, das Red Skull aus einem alten Grab in Norwegen holt. Damit betreiben er und sein Assistent Dr. Arnim Zola fortgeschrittene Waffen, mit denen sie die Welt erobern wollen. Diese Pläne scheitern, als Red Skull Captain America unterliegt.

IST RED SKULL TOT?

Das ist nicht ganz klar! Bei der letzten Konfrontation mit Captain America berührt er den Tesserakt mit bloßen Händen und wird verdampft. Ist er tatsächlich tot oder wurde er nur woanders hingebracht? Wir müssen abwarten, wie sich die Dinge entwickeln!

CAPTAIN AMERICA: THE FIRST AVENGER

Der würfelförmige **Tesserakt** ist eigentlich nur ein Gehäuse für einen der unfassbar mächtigen Infinity-Steine.

Dr. Arnim Zola ist ein genialer, aber amoralischer Forscher, der für Schmidt Waffen zur Welteroberung bauen soll.

Die vom Tesserakt versorgten Waffen sind verheerend. Schmidt verdampft mit einer **Kanone** zwei SS-Offiziere.

IRON MAN

ÜBERBLICK

Iron Man war 2008 die Nr. 1 in den amerikanischen Kinos – und trat das ganze Marvel Cinematic Universe los. Die Hauptrolle spielte Robert Downey jr. als Tony Stark (Iron Man), Regie führte Jon Favreau, der auch Tonys Fahrer Happy Hogan spielte.

GROBE UNTERBRECHUNG
Während einer Demonstration neuer Waffen für das US-Militär in Afghanistan werden der reiche Geschäftsmann Tony und sein Konvoi von der Terroristen-Gruppe The Ten Rings angegriffen. Kurz vor der Explosion bemerkt Tony eine Bombe mit dem Namen seiner Firma – Stark Industries.

ASS IM ÄRMEL
Tony baut einen kleinen, aber starken Generator, den Arc-Reaktor, um den Magneten in seiner Brust zu ersetzen und einen Metallanzug anzutreiben, mit dem die beiden flüchten wollen. Der selbstlose Yinsen opfert sich später, um Tony Zeit zu verschaffen. Tony kämpft sich frei und fliegt weg, stürzt aber dann in der Wüste ab, wo ihn sein Freund Lieutenant Colonel James „Rhodey" Rhodes rettet.

JUNGES GENIE
Drei Tage vorher fasst eine Präsentation auf einer Preisverleihung Tonys Leben zusammen. Er war ein Wunderkind in Ingenieurswesen, Informatik und Elektronik. Leider kamen seine Eltern bei einem Autounfall ums Leben, als er 17 war. Mit 21 übernahm er die väterliche Firma mit der Hilfe von Obadiah Stane, einem Geschäftspartner seines Vaters. Heute verkauft er immer noch Technik, vor allem Waffen.

Anstatt einer Rakete baut Tony mit Dr. Ho Yinsen den Mark I Anzug aus Metallresten.

GEFANGEN!
In der Jetztzeit wird Tony von The Ten Rings festgehalten. Der Mitgefangene Dr. Ho Yinsen bringt einen Elektromagneten auf Tonys Herz an, damit er nicht am Schrapnellsplitter in seiner Brust stirbt. Terroristenführer Raza verspricht Tony die Freiheit, wenn dieser ihm eine Rakete baut. Die Gefangenen schätzen, dass das gelogen ist...

PERFEKTER IRON MAN
Als Tony zurück in die USA kehrt, kündigt er an, die Waffenabteilung der Firma zu schließen, was zu Problemen mit Stane führt. Tony baut in seiner Privatwerkstatt insgeheim einen neuen Arc-Generator und einen verbesserten Iron-Man-Anzug.

IRON MAN

ZURÜCK NACH AFGHANISTAN

Tony erfährt, dass seine Firma immer noch Waffen an The Ten Rings verkauft, mit denen Yinsens Heimatdorf überfallen werden soll. Als Tony seinen Partner zur Rede stellt, offenbart Stane, dass er gegen ihn arbeitet. Tony fliegt nach Afghanistan, um die Dorfbewohner zu retten. Auf dem Rückflug greifen zwei Air-Force-Jets Tony an und er muss Rhodey verraten, dass er Iron Man ist.

Vor dem Angriff der Air Force versteckt sich Tony an einem der Fahrwerke und holt sich Hilfe bei Rhodey.

PEPPER ERMITTELT

The Ten Rings birgt Tonys ersten Anzug-Prototyp für Stane. Basierend auf den Resten baut Stane einen mächtigen neuen Anzug. Tony schöpft Verdacht und bittet seine Assistentin Pepper Potts, Stanes Computeraufzeichnungen zu kopieren. Dabei findet sie heraus, dass Stane The Ten Rings ursprünglich anheuerte, um Tony zu töten. Pepper übergibt die Dateien S.H.I.E.L.D.-Agent Phil Coulson.

STANE MUSS WEG

Stane stellt Tony eine Falle und entfernt den Arc-Reaktor aus dessen Brust, den er für seinen neuen Anzug braucht. Dem Tode nahe kann Tony den alten Reaktor wieder einsetzen. Als S.H.I.E.L.D.-Agenten Stane festnehmen wollen, hat er schon seine neue Rüstung an. Tony will ihn aufhalten, doch Tonys Anzug wird durch den alten, schwachen Reaktor behindert. Verzweifelt lässt Tony Pepper den Jumbo-Arc-Reaktor des Firmengebäudes überladen. Die Explosion schleudert Stane in den Reaktor und tötet ihn. Bei der Pressekonferenz am nächsten Tag enthüllt Tony, dass er Iron Man ist.

„Ach kommen Sie, Sie haben mich schon bei viel Schlimmerem erwischt."

TONY STARK ZU PEPPER POTTS

DIE GUTEN

IRON MAN (TONY STARK)
Metallheld mit Herz

PEPPER POTTS
Zuverlässige Assistentin, zukünftige Gefährtin

DR. HO YINSEN
Selbstloser Forscher, guter Samariter

HAPPY HOGAN
Toller Fahrer (noch besserer Regisseur)

AGENT PHIL COULSON
Gentleman, Geheimagent

DIE BÖSEN

OBADIAH STANE
Kriegsgewinnler, Iron Monger

RAZA HAMIDMI AL-WAZAR
The-Ten-Rings-Anführer, einziger Überlebender

31

Da fliegt also ein Typ im Metallanzug rum, aber ...

WARUM DIE RÜSTUNG?

Klar schützt ihn die Rüstung vor etwas, aber warum braucht Iron Man sie, wenn er ein Superheld ist?

WER IST IRON MAN?

Iron Man ist eigentlich der Milliardär Tony Stark. Unter der Rüstung ist Tony ein ganz normaler Mensch ohne besondere Kräfte. Am Ende des ersten Iron Man-Films enthüllt Tony seine Identität vor der ganzen Welt. Er ist lieber transparent (und protzt rum).

WAS KANN DER IRON-MAN-ANZUG?

Mit dem Iron-Man-Anzug kann Tony fliegen, sodass er nach Lust und Laune reisen kann, und er ist so stark gepanzert, dass er Schutz vor Kollisionen bietet. Der Anzug hat auch Waffen in den Handflächen und ist mit einem Assistenten mit künstlicher Intelligenz verbunden.

WIE FING DAS ALLES AN?

Tony reist nach Afghanistan, um dem US-Militär die neue Jericho-Rakete seiner Firma vorzustellen, aber er wird von der Terroristengruppe The Ten Rings gefangen. Sie zwingen Tony, eine der Raketen für sie zu bauen.

TONY STARK
Mann aus Eisen

Mark XLIII Anzug

IRON MAN

WANN BAUT ER SEINE ERSTE RÜSTUNG?

Anstelle einer Rakete nutzt Tony die Werkzeuge, die man ihm zur Verfügung stellt, um einen eisernen Anzug mit Jetpack und Flammenwerfern zu bauen, und kämpft sich frei. Er muss seinen beschädigten Anzug jedoch zurücklassen. Die ganze Erfahrung lässt Tony sein Geschäftsmodell überdenken und große Veränderungen vornehmen.

Der **Mark-III**-Anzug ist der erste von Tonys Anzügen mit dem typisch rot-gelben Farbschema. Ein echter Trendsetter!

WILL TONY KEINE WAFFEN MEHR BAUEN?

Ganz genau. Während seiner Gefangenschaft bei The Ten Rings entdeckt Tony, dass die Waffen, die sie einsetzen, von seiner eigenen Firma stammen. Daraufhin entscheidet Tony, die Waffenabteilung von Stark Industries sofort zu schließen – was für den Aufsichtsrat und seinen Geschäftspartner Obadiah Stane ein kleiner Schock ist.

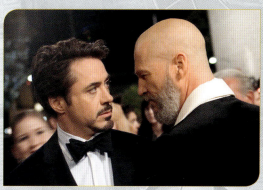

Als Zeitgenosse von Tonys Vater hat Obadiah Stane wenig Respekt für den jungen Stark und seine Playboy-Attitüde.

WER IST TONY STARK?

Der Mann im Anzug ist kein typisches Superheldenmaterial. Bis zu seiner Entführung ist Tony zwar ein Genie, aber auch eitel, arrogant und herablassend – ein verzogener reicher Schnösel, der Firma und Vermögen seines Vaters erbt. Obwohl seine Erfahrungen in der Wüste ihn zum Besseren wandeln, kommt Tonys altes Wesen hin und wieder durch.

Ich sehe einen glühenden Kreis auf Iron Mans Brust...

WAS IST MIT TONYS HERZ?

Er wirkt wie ein Cyborg. Verhelfen diese Lichter in der Brust Iron Man zu besonderen Fähigkeiten?

WURDE TONY VERLETZT?

Ja, und zwar sehr. Nach einer Raketenvorführung für das US-Militär wird Tonys Konvoi von The Ten Rings angegriffen. Kurz bevor er wegen einer Explosion das Bewusstsein verliert, sieht Tony neben sich eine Bombe mit der Aufschrift „Stark Industries" landen.

ALSO KÖNNTE ER STERBEN?

So ist es – es war sogar sehr knapp! Schrapnellsplitter verletzen Tonys Herz. Zu diesem Zeitpunkt ist es unmöglich, alle Splitter aus Tonys Brust zu holen, und sie dringen langsam zum Herz vor. Achtung – diese unerfreuliche Tatsache bleibt zukünftig eine bedeutende Schwäche von Tony.

WER HILFT IHM DANN?

Doktor Ho Yinsen ist ein Chirurg, der auch von The Ten Rings gefangen gehalten wird. Yinsen schließt vorübergehend einen Elektromagneten an, um zu verhindern, dass die Splitter in Tonys Brust ins Herz eindringen. Er hilft Tony beim Bau des ersten Iron-Man-Anzugs und opfert sich, damit Tony fliehen kann.

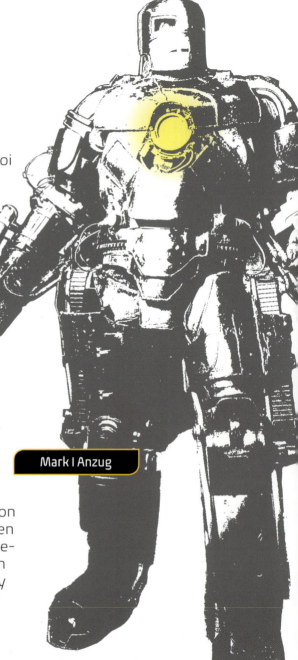

Mark I Anzug

IRON MAN

ABER WAS IST DAS DING IN TONYS BRUST?

Tony baut sich eine winzige Energiequelle, den Arc-Reaktor oder RT (kurz für Reaktor), damit sein Herz weiterpumpt und der Splitter in seiner Brust stillsteht. Das ist der glühende Ring, der aus seinem Brustkorb ragt. Er versorgt auch den Anzug.

THE TEN RINGS

The Ten Rings ist eine geheimnisvolle Terroristengruppe. Sie will die Weltordnung zerstören, angeblich unter der Leitung des schattenhaften Mandarin. Das Team, das Tony gefangen nimmt, führt Raza Hamidmi Al-Wazar an.

PARANOIDER PARTNER
Nach der Rückkehr aus Afghanistan zeigt Tony seinem Geschäftspartner (und baldigem Feind) Obadiah Stane den Arc-Reaktor in seiner Brust.

UND WAS MACHT TONY JETZT?

Nach der Flucht will Tony mit seiner Firma lieber den Arc-Reaktor entwickeln, anstatt Waffen zu verkaufen. Insgeheim baut er einen mächtigeren RT für seine Brust und einen verbesserten Iron-Man-Anzug, um Terrorgruppen wie The Ten Rings zu bekämpfen. Das führt zu Spannungen mit seinem Partner, der wissen will, was Tony wirklich vorhat.

Raza

IRON MAN 2

ÜBERBLICK

Der zweite Iron Man-Film kam 2010. Er führte zwei neue Schurken ein: den finsteren Ivan Vanko und den schleimigen Justin Hammer, außerdem einen weiteren Avenger: die tödliche Black Widow, gespielt von Scarlett Johansson.

TRAUER UND RACHE
Die Nachricht über Tony Starks Identität als Iron Man erreicht Russland. Der Physiker Ivan Vanko und sein Vater Anton sehen Tonys Pressekonferenz im TV. Anton stirbt, verstört von den Neuigkeiten. Ivan trauert und beginnt mit dem Bau seiner Version eines Reaktors, um einen Anzug zu versorgen. Verdächtig…

GEFAHR IN MONACO
Auf einer Geschäftsreise wird Tony durch seinen bevorstehenden Tod unbesonnen. Aus einer Laune heraus tritt er beim Großen Preis von Monaco an. Plötzlich erscheint Ivan Vanko und greift ihn mit elektrischen Peitschen an. Pepper und Happy bringen Tony den Iron-Man-Anzug, sodass er Vanko besiegt. Hammer ist so beeindruckt von Vanko, dass er Vankos Tod im Gefängnis vortäuschen lässt und ihn herausholt.

Vanko unterbricht das Rennen als „Whiplash", indem er Tony heftig attackiert.

GEDRÜCKTE STIMMUNG
Sechs Monate später führt Tony die Innovation auf der Stark Expo vor. Danach setzt der US-Senat ihn unter Druck, seine Iron-Man-Anzüge der Regierung auszuhändigen. Tonys Freund Rhodey soll den Beweis erbringen, dass gefährliche Gruppen womöglich Stark-Technik kopieren. Tonys Geschäftsrivale Justin Hammer will die Iron-Man-Technologie konfiszieren lassen, damit seine Firma ihre Weiterentwicklung fürs Militär übernehmen kann. Dann findet Tony noch heraus, dass der Palladium-Kern des Reaktors in seiner Brust ihn vergiftet. Tony bereitet sich auf sein Ableben vor, indem er Assistentin Pepper Potts zur CEO von Stark Industries macht, auch wenn er keinen Grund nennt. Pepper heuert Natalie Rushman als Tonys neue Assistentin an.

GEBURTSTAGSPRÜGELEI
Tony feiert zum – seines Wissens – letzten Mal Geburtstag. Rhodey kommt zur Party und findet Tony betrunken und pöbelnd im Iron-Man-Anzug vor. Angeekelt legt Rhodey die alte Mark-II-Rüstung an und prügelt sich mit seinem Freund. Dabei zerlegen sie Tonys Haus. Nach einem Unentschieden bringt Rhodey den Anzug zur Air Force, nur um festzustellen, dass Hammer der neue Leiter ist.

IRON MAN 2

> „Ich sagte doch schon, dass ich nicht zu Ihrer supergeheimen Boyband will."
>
> TONY STARK ZU NICK FURY

TREFFEN MIT NICK FURY
Nick Fury trifft sich mit dem verkaterten Tony, der feststellt, dass Natalie S.H.I.E.L.D.-Agentin Natasha Romanoff ist, bekannt als Black Widow. Fury erklärt, dass Anton Vanko den Reaktor mit Tonys Vater Howard entwarf, aber als Anton ihn hinterging, ließ ihn Howard nach Russland deportieren.

KERN DES PROBLEMS
Natasha gibt Tony ein Serum, das die Symptome der Palladium-Vergiftung aufhebt. Das verschafft Tony Zeit, um Ersatz für den Reaktorkern zu suchen. Er findet Hinweise in einer Videoaufnahme seines Vaters, was ihn zur Entwicklung eines völlig neuen Elements führt, mit dem er das Problem löst.

KAMPF GEGEN HAMMER
Hammer enthüllt neue Militärdrohnen, geführt von Rhodey im War-Machine-Anzug – der insgeheim von Vanko modifiziert wurde. Tony durchschaut Vankos und Hammers Spiel und will Rhodey warnen, aber Vanko steuert die Drohnen und Rhodeys Rüstung fern. Natasha bricht ins Hammer-Hauptquartier ein, um Rhodeys Fernsteuerung zu stoppen. Tony und Rhodey bekämpfen die Drohnen und Vanko in seiner neuen Rüstung. Als Vanko unterliegt, vernichtet er sich selbst.

Iron Man und War Machine bekämpfen zusammen eine Armee von Hammers Drohnen, die Vanko kontrolliert.

DIE GUTEN

IRON MAN (TONY STARK)
Fliegender Superheld, todgeweiht

PEPPER POTTS
Mächtige CEO, Tonys Vertraute

WAR MACHINE (RHODEY RHODES)
Tonys bester Freund, Kämpfer

BLACK WIDOW (NATASHA ROMANOFF)
Blitzschnelle Reflexe, mag cooles Zubehör

NICK FURY
Hat die nationale Sicherheit im Auge

HAPPY HOGAN
Rettender Fahrer, fragwürdiger rechter Haken

DIE BÖSEN

WHIPLASH (IVAN VANKO)
Mechanisches Genie mit Wut auf Tony

JUSTIN HAMMER
Konkurrenz-CEO, tanzender Schleimbatzen

Iron Man wirkt plötzlich wie ein Idiot...

WAS IST BLOSS MIT TONY LOS?

Tony Stark schmeißt wilde Partys und fährt schwachsinnige Rennen. Hat er eine Midlife-Crisis? Werden Superhelden schlecht?

VERGIFTETER TONY
Iron Man ist nicht ganz bei sich.

WORAUF GRÜNDET TONYS PROBLEM?

Es liegt letztlich am Reaktor in Tonys Brust. Der Reaktor hält ihn am Leben, aber Tony erkennt, dass der Palladium-Kern ihn vergiftet und langsam umbringt. Was er auch versucht, Tony findet kein Ersatzmaterial, um den Reaktor zu betreiben und sein Problem zu lösen.

WARUM IST TONY SO WAGHALSIG?

Tony weiß, dass er bald stirbt, weil er den Kern nicht ersetzen kann. Das ist übel. Also will er das Beste aus allem machen, indem er feiert und irre Risiken eingeht. Dabei vernachlässigt er die Firma, aber zum Glück springt seine treue Assistentin Pepper Potts ein.

WIE SPRINGT PEPPER FÜR IHN EIN?

Da Tony weiß, dass jemand Stark Industries nach seinem Tod führen muss, ernennt er Pepper Potts zur neuen CEO der Firma. Pepper stellt Natalie Rushman als Tonys neue Assistentin ein, aber diese verbirgt wohl ein Geheimnis ...

WIE SPANNEND! WAS VERBIRGT SIE?

Zu Tonys Glück ist Natalie die S.H.I.E.L.D.-Agentin Natasha Romanoff (Black Widow). Sie gibt Tony eine Spritze gegen die Symptome der Palladiumvergiftung und eine Schachtel mit der Forschung seines Vaters. Die Spritze verschafft ihm Zeit, um die Dokumente zu sichten und ein völlig neues Element als Ersatz für das Palladium zu erschaffen. Das ist aber nicht sein einziges Problem.

WAS GEHT DENN NOCH SCHIEF?

Der russische Ingenieur Ivan Vanko wirft Tony vor, vom gestohlenen Erbe seines Vaters Anton zu leben, da Anton den ursprünglichen Reaktor zusammen mit Tonys Vater erfand. Nach einigen unsauberen Geschäften verbrachte Vankos Vater sein Leben letztlich in einem russischen Gefängnis, und jetzt will der jüngere Vanko Rache!

Natasha Romanoff nutzt ihre **Kampfkünste**, um ins Hauptquartier von Hammer Industries einzudringen.

Vanko und sein **Papagei** bedrohen Tony am Telefon. Vanko will seinen Vater rächen und Stark Industries zerstören.

Tony erkennt im Diorama seines Vaters von der Stark Expo 1974 das Diagramm für die Struktur eines **neuen Elements**.

Jetzt gibt es noch einen Kerl, der im Silber-Anzug rumfliegt...

WER IST WAR MACHINE?

Ich kenne Iron Man, aber ich sehe noch einen Kerl im Metallanzug, der auch Roboter bekämpft. Wie kann ich sie unterscheiden?

REVIER MARKIEREN ...
Tony stellt die Anzüge in seiner Werkstatt aus. Hier sieht man Mark I–IV, die Mark-II-Rüstung ist die zweite von links.

WIE VIELE ANZÜGE GIBT ES?

Tony Stark baute im ersten Film drei Iron-Man-Anzüge. Am Ende von *Iron Man 2* hat er sechs. Jeden Entwurf nennt man „Mark", nummeriert von Mark I bis Mark VI. Jedes schicke Upgrade ist meist besser als das vorherige.

UND WER TRÄGT NUN DIE SILBERRÜSTUNG?

Tony Starks guter Freund Lieutenant Colonel James „Rhodey" Rhodes zieht Tonys Mark-II-Rüstungs-Prototyp an und benutzt den Codenamen „War Machine". Im ersten *Iron Man*-Film spielt ihn Terrence Howard. Von *Iron Man 2* an übernimmt Don Cheadle die Rolle.

James Rhodes

40

IRON MAN 2

WIE HABEN SICH TONY UND RHODEY ENTZWEIT?

Die US-Regierung zwingt Rhodey, Tonys Rüstung zu konfiszieren, damit das Militär sie nutzen kann. Rhodey verteidigt Tonys Verhalten, aber als er ihn auf seiner Geburtstagsparty betrunken im Anzug findet, hat Rhodey es satt und zieht den Mark II an. Bei ihrem Duell geht einiges in die Brüche!

WER GEWINNT DENN?

Keiner. Es ist unentschieden, daher zieht sich Rhodey wütend zurück und liefert die Mark-II-Rüstung bei der Air Force ab. Dort erfährt er, dass Tonys gelackter Geschäftsrivale Justin Hammer von der Regierung beauftragt wurde, den Anzug für die Weiterentwicklung zu nutzen. Hammers Pläne gehen jedoch nicht auf!

WAS LÄUFT MIT HAMMERS VORHABEN SCHIEF?

Hammer verlangt von Ivan Vanko, dass der Russe ihm Iron-Man-Anzüge baut. Vanko baut jedoch Robotersoldaten und einen Panzeranzug für sich selbst, um sich dann die ganze Mission unter den Nagel zu reißen. Das führt zum Kampf von Vanko persönlich gegen Iron Man und War Machine.

KRUMME GESCHÄFTE
Nachdem er Vanko aus dem Gefängnis geholt hat, bietet ihm Hammer einen Deal an – Vanko behält seine Freiheit, wenn er für Hammer Anzüge baut.

THOR

ÜBERBLICK

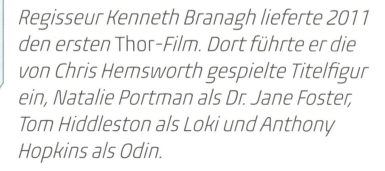

Regisseur Kenneth Branagh lieferte 2011 den ersten Thor-Film. Dort führte er die von Chris Hemsworth gespielte Titelfigur ein, Natalie Portman als Dr. Jane Foster, Tom Hiddleston als Loki und Anthony Hopkins als Odin.

KRÖNUNG ABGESAGT

Gerade als Thor, Prinz von Asgard, gekrönt werden und den Thron übernehmen soll, schleichen sich Frostriesen in König Odins Schatzkammer, um eine Massenvernichtungswaffe zu stehlen, die „Urne". Ein verzauberter mechanischer Wächter, der Destroyer, hält sie auf, aber das Ereignis beschwört Thors Zorn herauf und verzögert die Krönung. Es folgt viel Gebrüll.

> „Was? Er hat mir Angst gemacht!"
>
> DARCY, ALS SIE THOR ELEKTROSCHOCKT

Odin trägt seine beste Rüstung mit passender Augenbinde, um Thor zu krönen.

VERBANNUNG MIT HINTERTÜR

Odin ist wütend auf Thor, der den empfindlichen Frieden zwischen Asgard und den Frostriesen gestört hat. Er nimmt Thor seine Macht und verbannt ihn auf die Erde. Nicht ohne Gnade belegt Odin Thors Hammer Mjöllnir mit einem Zauber und wirft ihn Thor hinterher. Insgeheim hofft Odin, dass die Verzauberung Thor die Gelegenheit zur Sühne liefern wird.

FROSTIGER EMPFANG

Gegen Odins Befehl reisen Thor, seine Freunde (Volstagg, Hogun, Fandral und Lady Sif) und sein Bruder Loki auf dem Bifröst nach Jotunheim, um Antworten von Laufey zu erhalten, dem König der Frostriesen. Laufey deutet an, dass es in Odins Palast einen Verräter gibt, der den Frostriesen half, und verleitet Thor zu einem epischen Kampf. Als Thor und seine Gefährten kurz vor dem Untergang stehen, rettet Odin sie in letzter Sekunde.

HAMMER UND S.H.I.E.L.D.

Thor wird auf der Erde von der Astrophysikerin Dr. Jane Foster, ihrem Mentor Dr. Erik Selvig und ihrer Praktikantin Darcy entdeckt. S.H.I.E.L.D.-Agent Phil Coulson beschlagnahmt Janes Forschung. Thor erfährt, dass S.H.I.E.L.D. seinen Hammer gefunden hat, und bricht dort ein, stellt aber fest, dass er Mjöllnir nicht heben kann. S.H.I.E.L.D. nimmt den verstörten Thor fest.

LOKIS VERRAT

Loki findet heraus, dass er adoptiert ist. Sein wahrer Vater Laufey ließ ihn einst zurück, doch Odin hatte Mitleid. Loki stellt Odin zur Rede, aber die Angst, beide Söhne zu verlieren, lässt Odin in den Odinsschlaf gleiten. Da Odin im Koma liegt und vielleicht nie mehr erwacht, übernimmt Loki den Thron. Thors Freunde missachten Lokis Befehle und reisen zur Erde, um Thor heimzuholen.

DESTROYER

Loki schickt Thors Freunden den Destroyer nach, um sie alle zu vernichten. Thor und Jane evakuieren die Stadt, während seine Freunde den Destroyer erfolglos aufhalten wollen. Um alle zu retten, bietet sich Thor dem Destroyer an, der ihm einen scheinbar tödlichen Hieb versetzt. Im Sterben wird Thor schließlich für würdig befunden, seinen Hammer erneut zu tragen, und erhält seine Macht zurück. Thor besiegt den Metallwächter, dann kehren er und seine Freunde nach Asgard zurück. Thor verspricht Jane, zu ihr zurückzukehren.

Sif will den Kriegertod sterben und in Geschichten weiterleben. Thor überzeugt sie, zu leben und die Geschichten selbst zu erzählen.

REGENBOGENBRÜCKE

Loki enthüllt Laufey, dass er derjenige ist, der die Frostriesen zur Krönung nach Asgard ließ. Er lädt Laufey nach Asgard ein, um seinen hilflosen Vater Odin zu erschlagen. Loki verrät Laufey jedoch und tötet ihn, um sich Odin zu beweisen. Thor kehrt zurück und findet Loki vor, der die Macht der Regenbogenbrücke Bifröst nutzt, um Laufeys Welt zu vernichten. Er verhindert, dass Loki ein ganzes Volk auslöscht, muss aber dazu Bifröst zerstören (und damit die Fähigkeit der Asgarder, andere Reiche aufzusuchen). Odin wacht rechtzeitig auf, um seine Söhne vor dem Sturz in die Leere zu retten, die durch die Zerstörung aufkam, aber der rebellische Loki verschwindet.

DIE GUTEN

THOR
Nenn ihn nicht Prinzessin

DR. JANE FOSTER
Führende Astrophysikerin, Klügste ihres Fachgebiets

SIF
Aufstrebende Kriegerin, treue Freundin

HEIMDALL
Wächter der Regenbogenbrücke, Loki-Hasser

ODIN
Mag Nickerchen und große Throne

DR. ERIK SELVIG
Skeptischer Professor, Janes Mentor

DIE BÖSEN

LOKI
Grün vor Neid, darunter Blau

LAUFEY
Kalt wie Eis, hässlich wie die Hölle

Ich glaube, von dem Kerl habe ich gehört, nicht nur in Comics...

IST THOR EIN GOTT?

Wie er mit seiner Muskelpracht herumstolziert, wirkt Thor wie ein Ritter in glänzender Rüstung. Aber was ist außer gutem Aussehen an diesem Angeber mit Superkräften dran?

MJÖLLNIR
Hammerhart!

ALSO IST THOR EINE GOTTHEIT?

Thor ist als Gott des Donners bekannt. Er und seine Familie (Vater Odin, Mutter Frigga und sein Bruder Loki) nennen sich wegen ihrer Lebensspanne, Macht und ihren Kräften Götter. Doch Odin erklärt: „Wir sind keine Götter. Wir werden geboren, wir leben, wir sterben, genau wie Menschen." Man kann sie sich als Aliens mit Superkräften und einem Mangel an Bescheidenheit vorstellen.

IST THOR *DER* THOR? DER WIKINGER-THOR?

Laut Odin wussten die Menschen früher, dass sie im Universum nicht allein waren. Im Jahr 965 n. Chr. führte Odin in Norwegen Krieg, um die Menschen vor den Frostriesen zu schützen. Vieles aus der nordischen Mythologie taucht in Thor auf. Wurden diese Legenden von den Besuchern aus Asgard inspiriert?

> „Wer immer diesen Hammer hält und seiner würdig ist, soll die Kraft Thors besitzen."
>
> ODIN

44

THOR

WELCHE KRÄFTE HAT ER?

Stärke und Zähigkeit sind nicht alles, Thor kann auch Blitze beschwören, doch zu diesem Zeitpunkt nur durch den Hammer. Man könnte sich fragen, warum er sich Gott des Donners nennt, wenn er eigentlich mit Blitzen um sich wirft, aber diesen Widerspruch lässt man am besten unter den Tisch fallen!

WOZU DER HAMMER? IST ER EIN SCHREINER?

Nein. Thor verehrt den magischen Hammer, den angeblich nur er führen kann. Er hat sogar einen Namen: „Mjöllnir" (lustiger ist „Mjämjä", wie ihn Janes Praktikantin Darcy nennt). Thor schmettert ihn in Feindeshorden und ruft ihn aus jeder Entfernung zurück, indem er die Hand ausstreckt. Wenn er sich am Riemen festhält und ihn wirft, wird Thor durch die Luft getragen. Das ist besser als Busfahren!

KANN IHN WIRKLICH NUR THOR FÜHREN?

Als Thor ungehorsam ist, belegt Odin Mjöllnir mit einem Zauber, so dass ihn jeder heben kann, der oder die würdig ist – was zu diesem Zeitpunkt Thor ausschließt. Nach seiner Sühne findet Thor heraus, dass er nicht der Einzige ist, der ihn heben kann. In späteren Filmen können Captain America, Vision und Hela mit dem Hammer umgehen.

WO KOMMT THOR HER?

Asgard ist die Heimat von Thors Volk. Es ist kein runder Planet wie die Erde, sondern flach, mit einer bergigen Insel in der Mitte, umgeben von Meeren, die in den Weltraum fallen. So was wie ein magischer Asteroid mit Schwerkraft und Atmosphäre. Asgard ist eines der Neun Reiche (Planeten). Die anderen acht sind Svartalfheim, Vanaheim, Midgard (Erde), Jotunheim, Nidavellir, Niflheim, Muspelheim und Alfheim.

Touristen-Alarm! Der **Palast von Asgard** beherbergt die königliche Familie und steht im Mittelpunkt von Asgard.

45

Er stammt eindeutig nicht von hier...

WAS HAT THOR AUF DER ERDE VOR?

Thor tauschte das Paradies von Asgard gegen die Mühsal der Erde. Wie endete er fern der Heimat? Hat er seinen Hammer zu fest geschwungen?

HAT THOR SICH VERIRRT?

Als Frostriesen ein mächtiges Artefakt aus dem Königspalast stehlen, bekommt Thor einen Wutanfall. Er, Loki und seine Freunde rächen sich, indem sie ins Reich der Frostriesen eindringen und damit einen neuen Krieg auslösen. Thors Unbesonnenheit erzürnt Odin, der ihn durch ein Wurmloch auf die Erde verbannt. Thor wird von der Forscherin Dr. Jane Foster und ihrem Team gefunden, als sie ihn unabsichtlich anfährt.

WAS MACHT THOR JETZT AUF DER ERDE?

Anfangs versucht Thor erfolglos, sich seinen Hammer Mjöllnir wiederzuholen, doch später findet er sich mit dem Leben auf der Erde ab. Es ist nicht nur düster – Thor entdeckt Kaffee, außerdem entwickelt sich mit Jane eine Romanze. Ärger droht jedoch, als Odin in ein Koma namens „Odinsschlaf" fällt und Loki die Herrschaft über Asgard übernimmt. Thors engste Freunde reisen zur Erde, um ihn zu warnen.

> „Dieser Trank. Er ist gut... NOCH EINEN!"
>
> THOR ÜBER KAFFEE

THOR

WIE BRINGT THOR DIE SACHE IN ORDNUNG?

Loki schickt den Destroyer zur Erde, um Thor zu vernichten. Thor opfert sich edel auf, um seine Freunde zu retten. Dem Tode nahe wird er von Odin für würdig befunden und seine Kräfte kehren zurück. Nachdem Thor den Destroyer besiegt hat, geht er nach Asgard, um Loki aufzuhalten, der Jotunheim zerstören will, indem er die Urne und den Bifröst einsetzt.

ÄHM, WAS SIND DAS NOCHMAL FÜR TEILE?

Der Bifröst ist eine „Regenbogenbrücke", die Macht aus Asgard bezieht, um Reisen zwischen den Neun Reichen zu ermöglichen, darunter zur Erde. Ihr Wächter ist Heimdall. Ist sie zu lange offen, kann die Energie des Bifröst einen Planeten vernichten. Die Urne ist eine Waffe, die einst Laufey gehörte. Mit Froststrahlen kann sie ein ganzes Reich vereisen. Loki will den Bifröst in seiner aktiven Stellung einfrieren und dadurch Jotunheim zerstören.

WIE HÄLT THOR SEINEN BÖSEN BRUDER AUF?

Thor wählt drastische Mittel und zerschmettert mit seinem Hammer die Bifröst-Brücke, sodass alles in ein Wurmloch fällt. Odin wacht auf und will seine Söhne vor dem Sturz in die Leere retten, aber der verbitterte Loki lässt los und fällt ins All. Ohne Brücke kann Thor nicht zur Erde zurück!

Jane und Thor genießen Lagerfeuerromantik, während sie über den Kosmos und die Neun Reiche sprechen.

Heimdall öffnet und schließt Bifröst mit einem Schwert – und er sieht und hört alles in den Neun Reichen!

Die mächtige **Urne** bringt tatsächlich das Schlimmste in jedem zum Vorschein, wie Loki entdeckt.

MARVEL'S THE AVENGERS

AUF EINEN BLICK

(Rückblende) Loki spricht sich mit den Chitauri ab.

Thor kommt zur Erde, will Loki befreien.

Cap, Iron Man und Thor kämpfen um Loki.

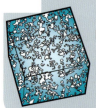

Der aktivierte Tesserakt öffnet ein Wurmloch.

Iron Man, Cap und Black Widow fangen Loki.

Loki ist auf dem S.H.I.E.L.D-Helicarrier gefangen.

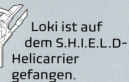

Loki kommt durch das Wurmloch auf die Erde und bekämpft S.H.I.E.L.D.

Black Widow rekrutiert Bruce Banner.

Die Avengers streiten!

Bruce wird zu Hulk.

Hawkeye greift den Helicarrier an.

Loki versklavt Hawkeye und Dr. Selvig.

Nick Fury fängt an, Avengers anzuwerben.

Black Widow löst Lokis Zauber über Hawkeye auf.

MARVEL'S THE AVENGERS

Loki öffnet ein Wurmloch über dem Stark Tower in New York.

Die Chitauri-Armee strömt durch das Wurmloch.

Die Avengers versammeln sich!

Iron Man redet auf Loki ein.

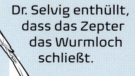
Dr. Selvig enthüllt, dass das Zepter das Wurmloch schließt.

Der wütende Hulk schlägt Loki.

Nick Fury ruft die Avengers.

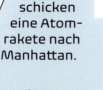
Die U.N. schicken eine Atomrakete nach Manhattan.

Iron Man zerstört das Chitauri-Mutterschiff mit einer Rakete.

Black Widow schließt das Wurmloch.

Hulk fällt von oben herab und wird wieder zu Bruce.

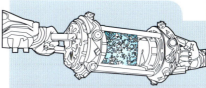
Thor nimmt Loki und den Tesserakt mit nach Asgard zur Verwahrung.

Iron Man fällt vom Himmel, Hulk fängt ihn auf.

Loki flieht und tötet Agent Coulson.

Fury verspricht die Rückkehr der Avengers.

Die Avengers essen zusammen Schawarma.

MARVEL'S THE AVENGERS

ÜBERBLICK

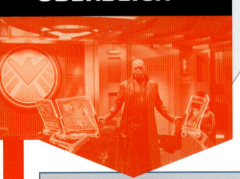

Marvel's The Avengers *von 2012 vereinte alle vorigen Superhelden im MCU – Iron Man, Captain America, Thor, Hulk, Black Widow und Hawkeye – zu einem einzigen Team. Erstmals trat Mark Ruffalo als Bruce Banner (Hulk) auf.*

UNERWARTETE ANKUNFT
Der gruselige Außerirdische Other erzählt seinem Boss Thanos, dass der Tesserakt auf der Erde ist. Loki wird ihn für Thanos holen, will aber Hilfe bei der Eroberung der Erde. Dort studiert Dr. Selvig den Tesserakt im S.H.I.E.L.D.-Labor. Plötzlich erschafft das Objekt ein Portal und Loki trifft ein. Er kontrolliert Selvig und Hawkeye und flieht mit ihnen und dem Tesserakt, kurz bevor die gesamte Anlage in die Luft fliegt.

LOKIS LISTIGER PLAN
Cap, Black Widow und Bruce kommen auf dem S.H.I.E.L.D.-Helicarrier zusammen. In Deutschland sorgt Loki für eine Ablenkung, damit Hawkeye etwas Iridium stehlen kann, um ein riesiges Portal zu öffnen. Cap und Black Widow kämpfen gegen Loki, der erst aufgibt, als Iron Man dazukommt und ihn unter Beschuss nimmt. Auf dem Rückweg zum Helicarrier entführt Thor Loki, kann ihn aber nicht überzeugen, seinen Plan aufzugeben. Thor übergibt Loki S.H.I.E.L.D.

SUPERHELDENAUSWAHL
S.H.I.E.L.D.-Leiter Nick Fury will ein Superheldenteam aufstellen. Agent Phil Coulson schickt Black Widow zu Bruce Banner, der sich derzeit in Indien versteckt, wo er als Arzt arbeitet. Fury bittet persönlich um Captain Americas Hilfe, und Coulson fragt Tony Stark, ob er beim Team mitmacht. In der Zwischenzeit reisen Loki und sein Gefolge nach Deutschland.

Captain Americas übermenschliche Stärke ist Lokis Macht nicht gewachsen.

HÖLLE AUF DEM HELICARRIER
Loki ist auf dem Helicarrier gefangen. Thor enthüllt Lokis Plan, und Bruce und Tony erkennen, wozu Loki Iridium braucht. Die Helden streiten, als Hawkeye plötzlich angreift. Banner verwandelt sich im Chaos in Hulk. Loki entkommt aus seiner Zelle, tötet Coulson und wirft seinen Bruder über Bord. Durch den Angriff wird der Helicarrier nutzlos, aber zum Glück befreien die Helden Hawkeye aus Lokis Kontrolle.

> „Die Avengers. So nennen wir uns, ist so 'ne Art Team. ‚Die ruhmreichsten Helden der Erde', so in der Art." — **TONY STARK**

MARVEL'S THE AVENGERS

HEXENKESSEL MANHATTAN

Loki und Selvig bauen Geräte auf, um ein riesiges Portal über dem Stark Tower in New York City zu öffnen. Iron Man will sie aufhalten. Das Portal öffnet sich jedoch und eine Armee außerirdischer Chitauri will die Erde erobern. Die anderen Avengers bekämpfen die Alien-Soldaten und ihre fliegenden Cyborg-Drachen, dabei wird New York verwüstet.

Die Chitauri fliegen durch New York City und stiften Chaos.

PORTAL-PLATZVERWEIS

Aus Angst vor dem Sieg der Chitauri schickt der Weltsicherheitsrat eine Atomrakete nach New York. Selvig – frei von Lokis Kontrolle – und Black Widow arbeiten am Schließen des Portals, während Iron Man die Rakete abfängt und sie durch das Portal zum Chitauri-Mutterschiff auf der anderen Seite bringt. Das Schiff wird zerstört, was auch die Chitauri auf der Erde auslöscht. Iron Man fällt zurück zur Erde, bevor Black Widow das Portal schließt. Tonys Anzug hat keine Energie, daher stürzt er ab, wird aber von Hulk aufgefangen. Loki ist geschlagen und Thor bringt ihn und den Tesserakt zurück nach Asgard. Die Avengers gehen getrennter Wege. Nick Fury hält ihren Sieg für eine Botschaft an weitere Möchtegern-Invasoren von anderen Welten.

Iron Man vernichtet die Chitauri-Angreifer, die durchs Portal zur Erde schwärmen.

DIE GUTEN

DIE AVENGERS
Beliebte Helden, ungleiche Verbündete

NICK FURY
Behält die Avengers im Auge

AGENT PHIL COULSON
Treu bis zum Ende ... der Speerspitze

DR. ERIK SELVIG
Irrer Forscher, Diener unter Lokis Bann

DIE BÖSEN

LOKI
Aalglatter Schurke mit gehörnter Krone

DER OTHER
Thanos' großschnäuziges Sprachrohr

CHITAURI-SOLDATEN
Gesichter zum Niederknien

THANOS
Unsichtbarer Titan, lila Strippenzieher

Jemand muss diese extravaganten Superhelden beaufsichtigen...

WAS IST S.H.I.E.L.D.?

Ich habe jetzt oft den Namen S.H.I.E.L.D. gehört? Scheint irgendeine Organisation mit coolem Adlerlogo zu sein.

S.H.I.E.L.D.-LOGO
Minimalistischer Adler

IST ES EIN FANCLUB VON CAPTAIN AMERICAS SCHILD?

Leider nein! S.H.I.E.L.D. steht für die nicht so eingängige „Strategische Heimat-Interventions-, Einsatz- und Logistik-Division". Dieser Geheimdienst ruft die Avengers-Initiative ins Leben, um ein Team aus Superhelden gegen außerweltliche Bedrohungen zu bilden.

WER HAT ES GEGRÜNDET?

S.H.I.E.L.D. wurde von Howard Stark und Peggy Carter (ehemaligen S.S.R.-Agenten) nach dem Zweiten Weltkrieg ins Leben gerufen. Anfangs ging die Organisation verdeckt vor, heute sind ihre Aktivitäten stärker öffentlich sichtbar.

WER IST DER OBERBOSS BEI S.H.I.E.L.D.?

Nicholas „Nick" Joseph Fury ist der Leiter und Hauptkontaktmann der Avengers. Er ist der Kerl mit der Klappe über dem linken Auge und das Gesicht der Organisation für das Publikum. Fury muss sich vor dem amerikanischen Kongress, dem Verteidigungsminister und dem Weltsicherheitsrat verantworten. Trotzdem vermasselt S.H.I.E.L.D. manchmal einiges.

Nick Fury

MARVEL'S THE AVENGERS

WIE VERMASSELN SIE ES?

S.H.I.E.L.D. versucht mit dem Tesserakt (wie Red Skull) Waffen zu bauen – nicht gerade die beste Idee. Leider aktiviert er sich spontan und öffnet ein Wurmloch, durch das Loki eintrifft. Er übernimmt die Kontrolle über Selvig und Hawkeye und schnappt sich den Tesserakt. Loki wird später gefangen, entkommt aber, was zum Tod eines wichtigen S.H.I.E.L.D.-Agenten führt.

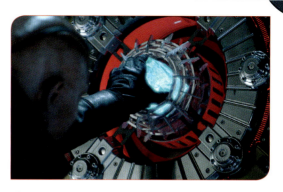

VERZWEIFELTE LAGE
Fury nimmt den Tesserakt und will sich hinausschleichen, bevor Loki ihn in die Finger bekommt – vergeblich.

WAS IST AN DIESEM AGENTEN SO WICHTIG?

Agent Phil Coulson ist mit Sonnenbrille unschlagbar. Er ist ein treuer Freund der Avengers. Coulson steht Tony bei seiner Laufbahn als Iron Man bei und leitet das Team, das Thors Hammer findet. Er opfert sein Leben, um Loki aufzuhalten. Fury nutzt Coulsons Tod als Inspiration, um die Avengers zusammenzuhalten, als sie sich am liebsten auflösen würden.

CAPS GRÖSSTER FAN
Coulson ist als eingefleischter Captain-America-Fan ganz aufgeregt, dass Steve seine alten Sammelkarten signieren könnte.

WEITERE S.H.I.E.L.D.-AGENTEN

MARIA HILL	NATASHA ROMANOFF	SHARON CARTER	BROCK RUMLOW	CLINT BARTON
S.H.I.E.L.D.s stellvertretende Leiterin. Arbeitet später bei Stark Industries, hält engen Kontakt zu Fury.	Kampfkünstlerin und Ex-KGB-Attentäterin. Codename: Black Widow.	Peggy Carters Nichte. Nachbarin von Steve Rogers. Geht zur CIA. Codename: Agent 13.	Hydra-Doppelagent, Anführer des STRIKE-Teams, verrät Captain America. Er wird Söldner Crossbones.	Bekannt für seine Schießkünste. Sollte Black Widow töten, rekrutierte sie aber. Codename: Hawkeye.

53

Er wirkt doch so nett, eloquent und intelligent, also ...

WARUM WIRD BRUCE ZUM HULK?

Dieses große grüne Ding zermatscht alles wie eine Abrissbirne. Warum sollten die Avengers so jemanden im Team wollen? Sind sie irre?!

WIE WURDE BRUCE ZUM HULK?

In *Der unglaubliche Hulk* (2008) unterzog sich der Forscher Bruce Banner einem Experiment mit Gammastrahlen. Obwohl er glaubte, dass es der Verbesserung des Widerstands gegen Gammastrahlung diente, wollte die US-Armee damit Supersoldaten erschaffen. Das Experiment scheiterte. Als Folge verwandelt sich Bruce immer, wenn er wütend wird, in ein Monster, das der Hulk genannt wird. Der Hulk-Zustand ist vorübergehend, Bruce kehrt aber nur in seine menschliche Gestalt zurück, wenn er sich beruhigt.

Der Hulk

WARUM SUCHT BLACK WIDOW NACH IHM?

Nachdem Loki den Tesserakt gestohlen hat, schickt S.H.I.E.L.D. Black Widow, um mit Bruce zu reden – sie brauchen seine Hilfe, um der Gammastrahlung des Objekts zu folgen und so Loki zu finden. Als führender Experte auf diesem Gebiet ist Bruce der Beste für die Aufgabe! Bruce ist jedoch sehr vorsichtig – er hat wirklich Angst, dass er wieder der megagrummelige Hulk werden könnte.

MARVEL'S THE AVENGERS

IST DER HULK NUN GUT ODER BÖSE?

Das ist schwierig. Bruce und Hulk werden beide zu wichtigen Mitgliedern der Avengers, wegen Bruce' Hirn und der Muskeln des Hulk. Die Avengers hätten den Kampf um New York gegen die Chitauri-Armee ohne Hulks Kraft verloren. Doch der Hulk ist auch eine Gefahr. Seine heftigen Wutanfälle können immensen Schaden anrichten – was Loki sich zunutze macht…

Black Widow findet Bruce in Kalkutta in Indien. Er hilft gerne Menschen, daher ist er Arzt und wurde ewig nicht mehr grün.

KLINGT VERDÄCHTIG. WAS HAT ER JETZT VOR?

Als Loki auf dem Helicarrier gefangen ist, plant er, die Avengers gegeneinander aufzubringen und den Hulk wütend zu machen, um davon abzulenken, dass Hawkeye Loki befreit. Leider geht dieser Plan auch auf, sodass der Hulk durch den Helicarrier tobt wie ein Elefant im Porzellanladen.

Während des Kampfes um New York folgt Hulk nur zu gern Captain Americas Befehl zum „Kaputthauen" der Chitauri.

„Das ist mein Geheimnis, Captain: Ich bin immer wütend." BRUCE BANNER

HÄLT IRGENDWAS DEN HULK AUF?

Ja! Wenn er aus hoher Höhe fällt und bewusstlos wird, kehrt Bruce zurück. Im Film *Age of Ultron* nutzt Natasha eine Beruhigungstechnik, um ihn zum Menschen zu machen. Tony hat auch einen Notfallplan, falls alles andere versagt – die Hulkbuster-Rüstung.

KAMPF UM NEW YORK
AUF EINEN BLICK

Alles, was Loki seit seinem Aufbruch getan hat, gipfelt in der Chitauri-Invasion. Die Avengers müssen zusammenarbeiten, um sie aufzuhalten!

GEGNER

WARUM KÄMPFEN SIE GEGENEINANDER?

Loki öffnet ein Portal, durch das die Chitauri-Armee die Erde erobern kann – was New York vernichten und die Menschheit versklaven würde!

* HELICARRIER BEOBACHTET AUS DER FERNE

WER KÄMPFT GEGEN WEN?

Die Avengers

S.H.I.E.L.D.

Quinjet

Polizei von New York

INFO-BOX

BEFEHLSHABER – Captain America (Avengers) und Loki

GELÄNDE – Stadtlandschaft von New York City

WICHTIGE KAMPFORTE – Stark Tower, Manhattan, Himmel

MARVEL'S THE AVENGERS

Portal-Öffnung

SCHLÜSSELMOMENT

DEMÜTIGUNG VON LOKI – Loki nennt sich Gott, aber als der Hulk ihn fünfmal zu Boden schmettert, ist er fertig! Später wird er großen Spaß haben, als der Hulk dasselbe mit seinem Bruder Thor anstellt.

Loki

Chitauri

Cyborg-Drachen

Chitauri-Mutterschiff

WER GEWINNT?

Die Avengers gewinnen und Loki verliert. Die Chitauri-Armee wird ausgelöscht. Doch der Kampf fordert Menschenleben und führt zu teuren Schäden. Außerdem wird die Erfahrung Tony Stark sehr mitnehmen, was letztlich zur Entwicklung von Ultron führt.

57

„Dieser Typ hat keinen Sinn für Rasenpflege!"
TONY STARK ÜBER THOR

PHASE 2

IRON MAN 3

60

DAS PASSIERT ...
Tony stellt sich einem brandneuen Schurken, der Menschen explodieren lässt und den US-Präsidenten entführt. Zum Glück sind Iron Man und seine Gefährtin Pepper zur Stelle!

PHASE 2

THOR:
THE DARK KINGDOM — 66

DAS PASSIERT ...
Thor will seine Freundin Jane seinen Eltern vorstellen, aber böse Elfen erwachen und greifen Asgard an. Thor tritt mit seinem treulosen Bruder Loki gegen sie an.

THE RETURN OF THE FIRST AVENGER — 72

DAS PASSIERT ...
Caps alter Kumpel Bucky lebt, aber er hat einen Metallarm und schießt um sich. Caps Arbeitgeber S.H.I.E.L.D. ist ebenfalls schurkisch! Cap hat gut zu tun.

GUARDIANS OF THE GALAXY — 78

DAS PASSIERT ...
Treffen sich ein Alien mit Tattoos, ein grünes Alien, ein Baum, ein sprechender Waschbär und ein Erdling. Dann retten sie die Galaxis vor zwei schlimmen blauen Aliens.

AVENGERS:
AGE OF ULTRON — 84

DAS PASSIERT ...
Tony will pausieren und erschafft eine künstliche Intelligenz, um alle zu verteidigen. Doch, sie wird böse und es kommt zum Kampf. Die Guten siegen, aber ein neuer Held stirbt.

ANT-MAN — 94

DAS PASSIERT ...
Ex-Häftling Scott Lang will ein neues Leben. Er stiehlt einen Anzug, der ihn schrumpft, und redet mit Ameisen. Er kämpft gegen einen bösen Imitator.

IRON MAN 3

ÜBERBLICK

Der jüngste Film der Iron Man-Trilogie kam 2013. Er spielt hauptsächlich 2012 und führte zwei neue Schurken ein: Aldrich Killian (gespielt von Guy Pierce) und Trevor Slattery (gespielt von Ben Kingsley).

ABFEIERN
Tony Stark nimmt 1999 im schweizerischen Bern an der Neujahrsfeier teil. Er trifft Maya Hansen, Erfinderin des Serums Extremis. Tony begegnet auch Aldrich Killian, dem Gründer von Advanced Idea Mechanics (A.I.M.), und lässt ihn links liegen.

ANGRIFF AUF DIE VILLA
In seiner Villa in Malibu untersucht Tony die Terrorakte und schätzt, dass die erste Bombe in Tennessee explodierte. Maya taucht auf, plötzlich zerstören Hubschrauber Tonys Haus. Während Pepper und Maya entkommen, versinkt Tony im Iron-Man-Anzug im Meer und wird für tot gehalten. Maya enthüllt Pepper, sie glaube, Killian würde für den Mandarin arbeiten.

HAPPY IM UNGLÜCK
2012 reklamiert der Terrorist Mandarin Bombenanschläge in den USA für sich. Tony ist vom Kampf um New York traumatisiert. Pepper Potts trifft sich mit Killian, der inzwischen ein reicher CEO ist. Killian führt das Heilpotenzial von Extremis vor. Kurz darauf explodiert ein Mensch in Grauman's Chinese Theater, sodass Tonys Freund Happy Hogan im Krankenhaus landet und Menschen sterben. Killians Bodyguard Savin gerät auch in die Explosion, überlebt aber und lässt sich einen Fuß nachwachsen. Tony fordert öffentlich im Fernsehen den Mandarin zum Zweikampf auf.

Angriffshubschrauber zerstören Starks Villa in Malibu.

FLUCHT NACH TENNESSEE
Tonys künstliche Intelligenz JARVIS übernimmt die Kontrolle über den Anzug, um den bewusstlosen Tony zu retten. Er erwacht, als er in Tennessee in den Schnee kracht, dem letzten einprogrammierten Ort. Da Energie für den Rückweg fehlt, lässt sich Tony vom Jungen Harley helfen, den er getroffen hat. Als Tony Details über Extremis erfährt, wird er von Killians Agenten attackiert, besiegt sie aber. Dann findet er heraus, dass die Bomben verletzte Veteranen waren, die Extremis erhalten haben, es aber nicht vertrugen und explodierten.

> „Wir erschaffen unsere eigenen Dämonen."
> — TONY STARK

TREVORS TRICKSEREIEN

Maya hilft Killian, Pepper zu entführen. Einer seiner Agenten stellt Rhodey eine Falle. In der Zwischenzeit spürt Tony den Mandarin in Miami auf, doch der Schurke ist eigentlich der Schauspieler Trevor Slattery. Dann setzt Killian Tony fest und enthüllt, dass er hinter der Operation steckt. Er verabreicht Pepper Extremis, damit Tony die explosiven Nebenwirkungen ausschaltet. Plötzlich entwickelt Maya ein Gewissen, also tötet Killian sie.

PRÄSIDENT IN GEFAHR

Killian holt mit seinen Extremis-Kräften Rhodey aus dem Anzug und erzählt, dass er Präsident Ellis entführen will. Savin greift in Rhodeys Anzug die Air Force One an und steckt Ellis in den Anzug. Tony und Rhodey entkommen aus der Anlage in Miami und töten Savin. Allerdings können sie den Präsidenten nicht retten, denn der Anzug bringt ihn auf Autopilot zu Killian.

KILLIANS ENDE

Tony und Rhodey verfolgen Killian auf einen Öltanker, wo er Ellis live im Fernsehen töten will. Tony holt alle Iron-Man-Anzüge zur Hilfe, die als Drohnen fungieren. Während Rhodey Ellis rettet, hilft Tony Pepper, aber sie scheint in einen feurigen Tod zu stürzen. Killian wirkt unbesiegbar im Kampf gegen Tony, er überlebt sogar, als er in einem explodierenden Anzug festsitzt. Durch Extremis kommt Pepper unbeschadet aus den Flammen und besiegt Killian.

Iron Man und ein von Extremis verstärkter Killian kämpfen auf einem Öltanker.

NACHWEHEN

Als Liebesbeweis für Pepper lässt Tony alle Iron-Man-Anzüge in einem Feuerwerk explodieren. Trevor wird festgenommen. Pepper wird geheilt, und Tony lässt sich die Splitter aus der Brust entfernen.

DIE GUTEN

IRON MAN (TONY STARK)
Gestresster Held fern der Heimat

IRON PATRIOT (RHODEY RHODES)
Derselbe Freund, neuer Name

PEPPER POTTS
CEO, bald Extremis-gestärkte Kämpferin

HAPPY HOGAN
Etwas angesengter Sicherheitschef

DIE BÖSEN

ALDRICH KILLIAN
Meister hinter dem „Mandarin"

TREVOR SLATTERY
Falscher Mandarin, ruhmsüchtiger Akteur

ERIC SAVIN
Hitziger Gehilfe, Präsidenten-Kidnapper

MAYA HANSEN
Edle Forscherambitionen, falscher Weg

Der arme Tony hat viel um die Ohren…

WAS IST DIE NEUE BEDROHUNG?

Ich weiß, dass es viele Explosionen und einen Bösen mit Bart und Zopf gibt. Aber warum hat Tony neuerdings solche Mühe mit allem?

AUSSPANNEN
Tony hatte einen langen Flug.

WAS LÄUFT NUN SCHIEF?

Bombenanschläge sorgen für Panik in den USA. Es scheint, als wären es Selbstmordattentäter und Terroristen, aber sie hinterlassen keine Spuren. Tonys Freund und der Sicherheitschef von Stark Industries, Harold „Happy" Hogan, wird in einem dieser Angriffe schwer verletzt.

WER TUT SO WAS?

Eine mysteriöse bärtige Gestalt, die sich „Mandarin" nennt, behauptet, hinter den Anschlägen zu stehen. Er scheint The Ten Rings zu lenken – die Terroristengruppe, die Tony im ersten *Iron Man*-Film entführte. Tony hat daran zu knabbern, besonders, weil er selbst ein paar neue Probleme hat.

> „Sie wissen, wer ich bin. Aber nicht, wo ich bin. Sie werden mich NIE kommen sehen."
>
> DER MANDARIN

IRON MAN 3

OH, NEIN! WAS FÜR PROBLEME DENN?

Tony leidet nach dem Kampf um New York an Panikattacken, besonders durch das Trauma, ins Chitauri-Wurmloch geflogen zu sein, bevor er zurück zur Erde fiel. Er kann nicht schlafen, also bastelt er ständig an seinen Anzügen. Und er hat Angst, seine Freundin Pepper Potts zu verlieren.

WIE GEHT TONY MIT DEM MANDARIN UM?

Tony fordert den Mandarin heraus, aber er hat sich verkalkuliert. Sein Zuhause wird von Hubschraubern völlig zerstört! Mithilfe von JARVIS entkommt Tony in seinem neuen Mark-XLII-Anzug (inzwischen hat er eine Menge Anzüge), aber der Anzug ist beschädigt und hat keine Energie, sodass Tony allein in einem Schneehaufen strandet, um den Mandarin zu finden.

FINDET TONY IHN?

Tony spürt den Mandarin auf, doch der versteckt sich nicht auf einem weit entfernten Stützpunkt von The Ten Rings. Er ist in Miami! Dort entdeckt Tony, dass der Mandarin der Schauspieler Trevor Slattery ist. Der angeheiterte Betrüger wurde zur Ablenkung von der wahren Bedrohung eingesetzt – und der wahren Quelle der Explosionen!

Nach dem Kampf um New York sind Tony und Pepper **zusammengezogen**, aber manchmal wird es etwas stressig.

Mit **beschädigtem Iron-Man-Anzug** muss sich Tony gegen seine Gewohnheit auf ältere Kommunikationsmethoden verlassen.

Tony freundet sich in Tennessee mit **Harley** an. Der aufgeweckte Junge hilft bei der Anzugreparatur und den Ermittlungen.

Tony Stark begegnet ständig hitzköpfigen Handlangern …

WARUM EXPLODIEREN MENSCHEN?

Erst wirkten sie wie Terroristen, aber die glühenden Gefolgsleute des Mandarin scheinen eher unkontrollierbare Superkräfte zu haben. Was geht da vor?

WANN FINGEN DIESE PYROTECHNISCHEN PROBLEME AN?

Forscherin Maya Hansen erfand das Serum Extremis, um Leute damit von Verletzungen zu heilen. Leider hat Extremis die Nebenwirkung, einige Anwender explodieren zu lassen. Maya zeigte Tony 1999 ihre Forschung, aber wegen der unerwünschten Nebenwirkungen war er nicht interessiert. Daher suchte Maya sich anderweitig finanzielle Unterstützung.

WER ENTWICKELT NUN EXTREMIS?

Stark Industries' Konkurrent Advanced Idea Mechanics (A.I.M.) ließ Maya ihre Forschung entwickeln. Die Firma gehört Aldrich Killian, der Extremis ausprobierte. Er gab es auch freiwilligen Testpersonen, aber das Problem war nicht zu beheben …

TESTLAUF
Ellen Brandt passt sich erfolgreich an Extremis an. Sie ist Killian treu und fängt eine Schlägerei mit Tony an.

WAS GENAU PASSIERT MIT DEN TESTPERSONEN?

Verletzte Militärveteranen melden sich freiwillig zum Test von Extremis. Die meisten erlangen Superkraft, Beweglichkeit und die Fähigkeit, Wunden zu heilen und verlorene Gliedmaßen zu regenerieren. Ihre Körper erzeugen aber auch extrem hohe Temperaturen. Killian kann sogar Feuer einatmen! Einige werden mit der Hitze nicht fertig und explodieren.

IRON MAN 3

WAS IST KILLIANS GROSSER PLAN?

Nach dem Aufbau des Mandarin will Killian auch den Präsidenten kontrollieren. Dann würde er beide Seiten des Krieges gegen den Terror steuern. Killian will den aktuellen Präsidenten durch jemanden ersetzen, den er herumkommandieren kann. Dieser Jemand ist der Vizepräsident, dem Killian anbot, seiner Tochter Extremis zu geben.

WIE HÄLT IRON MAN KILLIAN AUF?

Tony und Rhodey spüren Killian auf, der auch Pepper Potts entführt und ihr Extremis verabreicht hat. Tony holt seine Iron-Man-Anzüge herbei (die als autonome Roboter funktionieren), aber schließlich tötet die Extremis-verstärkte Pepper den beinahe unzerstörbaren Killian.

MOMENT, DANN WAR KILLIAN DER MANDARIN?

Soweit wir wissen, arbeitete Trevor Slattery für Aldrich Killian, den Mann hinter dem Mandarin – dem angeblichen Anführer der Terroristen von The Ten Rings. The Ten Rings ist aber keine Fake-Organisation (sie entführten Tony im ersten Film). Es ist unklar, wer der wahre Anführer dieser Gruppe ist...

Nachdem der Präsident im Iron-Patriot-Anzug beinahe umkam, nimmt Rhodey wieder den Codenamen **War Machine** an.

Tony hat viele Panzeranzüge gebaut, auch spezialisierte wie den **Mark XXXVII**, der unter Wasser überragend ist.

Pepper mischt Tonys Technik und ihre Extremis-Kräfte, um Killian für immer auszuschalten.

THOR: THE DARK KINGDOM

ÜBERBLICK

Der zweite Film der Thor-*Saga erschien 2013. Regie führte Alan Taylor.* Thor: The Dark Kingdom *ließ die Figuren aus dem Vorgänger zurückkehren, zeigte aber auch den Tod von Thors Mutter Frigga, gespielt von Rene Russo.*

ELFEN IM WINTERSCHLAF
In alter Zeit bekämpfte Bor – Odins Vater – Malekith, den Anführer der Dunkelelfen, und seine Streitkräfte aus Svartalfheim. Kurz bevor Malekith seine Superwaffe (den Aether) auf das Universum loslassen konnte, stahl Bor sie. Bor glaubte, er hätte die Dunkelelfen ausgelöscht, aber Malekith und eine kleine Gruppe entkamen und warteten schlafend auf die nächste Konvergenz, in der die Neun Reiche einmal mehr im Einklang stehen. Der Legende nach zerstörte Bor den Aether, aber so war es nicht. Er versteckte ihn unter der Oberfläche von Svartalfheim. Vielleicht nicht tief genug…

JANE UND DER AETHER
Auf der Erde betritt Jane Foster unabsichtlich eines dieser Portale und findet den versteckten Aether in einer Steinsäule. Der Aether infiziert Jane, und Thors Freund Heimdall warnt ihn, dass sie aus seiner allessehenden kosmischen Sicht verschwunden ist. Thor eilt zur Erde und findet Jane überwältigt von der übernatürlichen Kraft.

ARZTBESUCH
Thor bringt Jane nach Asgard, weil er hofft, die Ärzte dort könnten sie heilen. Sie entdecken, dass sie den Aether in sich trägt, der nicht nur ihr Ende bedeutet, sondern auch das Ende des Universums. Malekith spürt die Rückkehr des Aether und dringt in Asgard ein. Sein Stellvertreter Algrim tötet Frigga, die Jane schützt. Malekith wird mit leeren Händen vertrieben.

DIE DUNKELELFEN ERWACHEN
In der Jetztzeit wurde die Bifröst-Brücke neu aufgebaut (nach ihrer Zerstörung in *Thor*), und die Bewohner Asgards können wieder andere Reiche aufsuchen. Thor und seine Freunde stellen nach ihrer langen Abwesenheit wieder die Ordnung her, gipfelnd in einer Schlacht in Vanaheim. Loki ist für seine Verbrechen im Kampf um New York (in *Marvel's The Avengers*) in Asgard inhaftiert. Alles scheint in Ordnung zu sein, aber eine Konvergenz der Neun Reiche steht bevor, die Malekith aus seinem Schlaf weckt und Portale zwischen den neun Welten öffnet.

Malekiths Raumschiff kracht in den Thronsaal des Palastes von Asgard. Sehr rücksichtslos!

THOR: THE DARK KINGDOM

> „Ich hol dann mal meine Hose."
> ERIK SELVIG

DIE GUTEN

THOR
Rebellischer Sohn und Retter des Universums

DR. JANE FOSTER
Trägt kosmische Auslöschung und einen Doktortitel

LOKI
Wechselnde Loyalität in jeder Szene

FRIGGA
Beste Mutter im Universum

DR. ERIK SELVIG
Läuft nackt durch Stonehenge

DARCY LEWIS
Praktikantin mit Praktikant

GEHEIM NACH SVARTALFHEIM
Odin schließt den Bifröst und untersagt das Reisen, um sein Volk zu schützen. Da er Jane heilen, Malekith aufhalten und seine Mutter rächen will, holt sich Thor Hilfe bei Loki, um einen Geheimzugang nach Svartalfheim zu finden. Dort hoffen Thor und Loki, dass Malekith Jane den Aether entzieht und sie den Aether zerstören können, bevor er sich mit dem Dunkelelf verbindet. Der Aether ist aber viel zu ansteckend. Malekith schnappt sich die Waffe und entkommt. Loki scheint im Kampf mit Algrim zu sterben.

Die Konvergenz der Neun Reiche über Greenwich gewährt einen Blick in fremde Welten, bevor alles zerstört wird.

GREENWICH-SHOWDOWN
Thor und Jane holen sich auf der Erde Hilfe bei Janes Assistentin Darcy, Darcys Praktikanten Ian und Dr. Selvig. Thor bekämpft Malekith, während seine Freunde durch Portale zwischen Svartalfheim und der Erde taumeln. Als Malekith das Universum mit dem Aether in Dunkelheit stürzen will, nutzt Janes Team seine Forschungsgeräte, um ein Portal zu öffnen und Malekith hineinzuziehen – sodass er sein Ziel nicht erreicht und unter seinem Raumschiff zermalmt wird. Thor kehrt nach Asgard zurück und sagt seinem Vater, dass er nicht König werden will. Allerdings – Achtung, Überraschung! – ist Odin insgeheim Loki, der überlebt hat. Der Aether wird zur sicheren Verwahrung einem rätselhaften Mann übergeben, dem Collector.

DIE BÖSEN

MALEKITH
Halb-verkohlter Elf mit schönem Zopf

ALGRIM
Böser Elf wird noch böser

Im Marvel Universum herrscht nie lange Frieden, also …

WAS BEDROHT DIESMAL DAS UNIVERSUM?

Malekith

Loki sitzt im Gefängnis und Thor bringt die Neun Reiche wieder in Ordnung. Sieht das nicht alles rosig aus? Was soll diese drohende Dunkelheit?

WER SIND DIE NEUEN SPITZOHR-FEINDE?

Die Dunkelelfen sind Asgards älteste Gegner. Sie wurden kurz vor der Dämmerung des Universums in völliger Dunkelheit geboren. Odins Vater Bor glaubte sie vernichtet, aber ihr Anführer Malekith und sein Gefolge verbargen sich nur und warteten auf den perfekten Zeitpunkt zur Rückkehr.

WARUM KOMMEN SIE JETZT ANGEKROCHEN?

Malekith erwacht zur Konvergenz – dem außergewöhnlichen Einklang der Neun Reiche, der Portale zwischen den Welten öffnet. Er spürt, dass seine Superwaffe gefunden und aktiviert wurde. Durch diese beiden Ereignisse kann er seinen Plan umsetzen.

> „Bist du gekommen, um das Ende deines Universums zu sehen?"
> MALEKITH ZU THOR

THOR: THE DARK KINGDOM

EIN PLAN ALSO?

So ist es. Malekith will seine Superwaffe zurück, den Aether. Diese purpur-schwarze Kraft erscheint zugleich als Gas, Flüssigkeit und fester Stoff. Sie hält sich meist in Wirten auf, aber nur die Mächtigsten können sie einsetzen. Malekith will die kosmische Zerstörung einleiten, indem er im Universum wieder Dunkelheit einkehren lässt, aber sein Plan wird behindert.

WO IST DER WURM DRIN?

Dr. Jane Foster tritt durch ein Portal in London und entdeckt unabsichtlich als Erste den Aether! Sie wird damit infiziert und von Thor nach Asgard gebracht, wo Odins Ärzte den Aether in ihr erkennen. Sie stellen fest, dass er sie tötet, wenn man ihn nicht entfernt. Malekith greift Asgard an, um sich den Aether für seine Zwecke zu holen. Sein Versuch wird aber vereitelt und er muss mit leeren Händen wieder abziehen.

WIE WILL THOR JANE RETTEN?

Thor, Loki und Jane reisen zu Malekiths Heimatwelt Svartalfheim. Thor und Loki stiften Malekith an, den Aether aus Jane zu holen, weil sie glauben, ihn dann vernichten zu können. Das geht schief. Malekith entkommt mit dem Aether und will Zerstörung (und kein gekrümmtes Haar in seinem Zopf).

EINDRINGLINGE!
Selbst Heimdall ist entsetzt beim Anblick von Malekiths riesigem Raumschiff, das unheilverkündend über Asgard aufragt.

Malekiths Raumschiff schlägt in Greenwich ein. Dunkelelfen sind keine Einparkkünstler.

WER KANN MALEKITH NOCH STOPPEN?

Malekith setzt in Greenwich in London den Aether während der Konvergenz ein. Nach einem heftigen Kampf transportieren Janes Team und Thor Malekith mithilfe ihrer Forschungsgeräte in grausigen Einzelteilen zurück nach Svartalfheim. Sein Schiff kommt gleich hinter ihm und zerquetscht ihn. Der arme Malekith kommt nie zu seiner glorreichen intergalaktischen Auslöschung!

Sieht ganz schön schmierig aus – nicht sehr vertrauenswürdig …

IST LOKI BÖSE?

Loki ist wieder da und steht wie immer im Zentrum der Katastrophe. Manchmal ist er ja ganz charmant … gibt es etwas, das für ihn spricht? Oder ist er so schmierig wie seine Frisur?

FRIGGA
Göttermutter

WARUM IST LOKI IN KETTEN?

Nach dem Kampf um New York bringt Thor Loki nach Asgard, um ihn für seine Taten zu verurteilen. Odin ist alles andere als beeindruckt von Loki und ihm ist nicht entgangen, dass Krieg, Zerstörung und Tod Loki folgen wie einem Magneten.

WAS SIND LOKIS KRÄFTE?

Loki projiziert magische Illusionen. Er kann sich als jemand anders ausgeben oder sogar Doppelgänger zaubern, und über diese Duplikate aus der Ferne sehen und kommunizieren. Loki erlernte diese Tricks von seiner Mutter Frigga. Schade, dass sie ihm nicht beibrachte, sich öfter die Haare zu waschen.

WARUM IST ER SO FIES?

Loki war immer neidisch auf seinen älteren Bruder, weil er fand, Thor wäre weder intelligent noch edel genug, um zu herrschen. Loki verabscheut, dass Odin Thor bevorzugt, und denkt, Odin verschmähe ihn, weil Loki in Wahrheit der Sohn von Laufey dem Frostriesen ist, anstatt einzusehen, dass seine betrügerischen Aktionen das Problem sind.

Loki

THOR: THE DARK KINGDOM

SO EIN DRAMA! HASST LOKI SEINE FAMILIE?

Ja und nein. Loki ist verbittert, weil sein ganzes Leben eine Lüge war, und will seinen Vater verletzen. Als seine Mutter stirbt, trauert er. Er wird Thor und Odin vielleicht immer wieder betrügen, bleibt aber an sie gebunden. Loki und Thor überwinden ihre Differenzen, um ihre Mutter zu rächen und Jane und die Neun Reiche zu retten.

ALSO IST LOKI NICHT GANZ SCHLECHT?

Loki ist als Schurke bekannt, aber auch als Gott des Unheils. Er hat viele schreckliche Dinge getan – versucht, die Erde zu erobern, und viele Unschuldige getötet! Loki scheint aber etwas Gutes in sich zu tragen. Er will Thor helfen, auch wenn er sein Leben dafür geben muss.

STIRBT ER DIESMAL?

Nein. Bei Loki gibt es immer einen Haken! Loki scheint zu sterben, als er Thor vor Malekiths Stellvertreter Algrim rettet. Sein Tod ist aber eine Illusion und insgeheim kehrt Loki nach Asgard zurück, um seinen Vater zu entthronen.

TÖTET ER SEINEN VATER?

Loki gibt sich als Odin aus, aber sein Vater ist nicht tot. Loki hasst Odin nicht so sehr, dass er ihn tötet. Wie wir in *Thor: Tag der Entscheidung* erfahren, verzaubert er Odin nur und weist ihn in ein Altenheim auf der Erde ein! Klingt toll…

Odin sperrt Loki für seine Verbrechen auf der Erde in den **Kerker von Asgard**. Loki bekommt trotzdem eine Luxuszelle!

Thor gehorcht Odin wieder nicht, befreit Loki, und die Brüder schmuggeln Jane durch ein **geheimes Portal** aus Asgard.

Auf dem düsteren Svartalfheim umzingeln unfreundliche **Dunkelelfen** Loki, aber er entledigt sich ihrer sogleich.

THE RETURN OF THE FIRST AVENGER

ÜBERBLICK

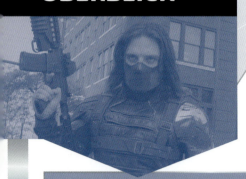

The Return of the First Avenger, *der zweite Captain America-Film, erschien 2014. Sebastian Stan spielte wieder Bucky, nun als finsterer Winter Soldier. Der Film führte auch einen neuen Avenger ein: Falcon, gespielt von Anthonie Mackie.*

RETTUNGSMISSION
Steve Rogers arbeitet nun in Washington D.C. bei S.H.I.E.L.D. Es fällt ihm schwer, im modernen Leben klarzukommen, doch er freundet sich mit dem Veteran Sam Wilson an. Steve, Natasha Romanoff und Agent Brock Rumlow retten auf einem gekaperten S.H.I.E.L.D.-Schiff Geiseln. Steve sieht, wie Natasha laut geheimen Befehlen die Daten des Schiffs kopiert – und will den Grund erfahren.

FURY IN GEFAHR
Später gerät Fury in einen Hinterhalt und wird von dem Agenten, den man Winter Soldier nennt, fast getötet. Fury schafft es zu Steves Wohnung und übergibt ihm einen Daten-Stick mit den S.H.I.E.L.D.-Informationen vom Schiff. Dabei wird er vom Winter Soldier niedergeschossen und für tot erklärt.

PROJEKT INSIGHT
Steve fragt Nick Fury nach der Mission. Fury weiht ihn in das Projekt Insight ein: drei neue Helicarrier, verbunden durch Spionage-Satelliten, die die Welt beobachten und aufkommende Gefahren identifizieren sollen. Fury sorgt sich, da er keinen Zugriff auf die S.H.I.E.L.D.-Daten hat, die Natasha zurückholte. Er bittet Verteidigungsminister Alexander Pierce, Projekt Insight aufzuschieben, wird aber zurückgewiesen.

Der Winter Soldier verfolgt Nick Fury gnadenlos durch die Straßen von Washington, D.C.

CAP AUF DER FLUCHT
Fury riet Steve noch, niemandem zu vertrauen, daher enthält Steve Minister Pierce Informationen vor. Pierce erklärt Steve zum Verräter und schickt ein Team unter Rumlow, um ihn zu töten. Steve flieht und holt sich Hilfe bei Natasha. Mit dem Daten-Stick finden sie einen Geheimbunker auf Steves altem Ausbildungsstützpunkt.

> „S.H.I.E.L.D. nimmt die Welt, wie sie ist, nicht, wie wir sie gern hätten."
> NICK FURY ZU STEVE ROGERS

DIE UNSCHÖNE WAHRHEIT

Unter dem Bunker finden die Helden einen überholten Supercomputer mit dem Bewusstsein von Arnim Zola (war zuletzt im ersten *Captain America*-Film). Er enthüllt, dass Hydra S.H.I.E.L.D. korrumpiert und die Öffentlichkeit manipuliert hat, ihre Freiheit für mehr Sicherheit aufzugeben. Dann zerstört eine S.H.I.E.L.D.-Rakete den Bunker, aber die Helden schützen sich mit Caps Schild.

FALCON AN BORD

Steve und Natasha bitten Sam Wilson um Hilfe. In seiner alten, experimentellen Falcon-Flügel-Ausrüstung schnappt sich Sam mit ihnen S.H.I.E.L.D.-Agent Jasper Sitwell, der den wahren Zweck von Projekt Insight erklärt: jeden zu eliminieren, der Hydra bedrohen könnte. Der Winter Soldier schreitet ein und tötet Sitwell. Die Helden verfolgen ihn, bis Steve in ihm seinen alten Freund Bucky erkennt, der nach einer Gehirnwäsche nun Hydra-Attentäter ist. Agent Hill bringt Steve, Natasha und Sam zu Fury, der seinen Tod nur vorgetäuscht hatte.

DAS ENDE VON S.H.I.E.L.D.?

S.H.I.E.L.D. startet die Helicarrier. Fury und Natasha infiltrieren das Hauptquartier, schalten Pierce aus und übertragen alle Geheimnisse von Hydra und S.H.I.E.L.D. ins Internet. Steve und Sam tauschen an Bord der Helicarrier die Steuerchips aus, sodass Hill sie aus der Ferne zerstören kann. Die Ereignisse gipfeln in einen Showdown zwischen Cap und dem Winter Soldier. Sie stürzen in einen Fluss, aber der Winter Soldier zieht Steve ans Ufer und rettet ihm das Leben, bevor er verschwindet.

Ein Helicarrier stürzt ins Hauptquartier von S.H.I.E.L.D. (das Triskelion) und zerstört das ganze Gebäude.

THE RETURN OF THE FIRST AVENGER

DIE GUTEN

CAPTAIN AMERICA (STEVE ROGERS)
Amerikanischer Held mit guten Freunden

BLACK WIDOW (NATASHA ROMANOFF)
S.H.I.E.L.D.-Agentin, die Geheimnisse veröffentlicht

FALCON (SAM WILSON)
Caps neuer fliegender Freund

NICK FURY
Auf dem Hydra-Auge blind

DIE BÖSEN

WINTER SOLDIER (BUCKY BARNES)
Attentäter mit funkelndem Arm

JASPER SITWELL
Hydra/S.H.I.E.L.D.-Doppelagent

BROCK RUMLOW
Hydra/S.H.I.E.L.D.-Doppelagent

73

Da gibt's einen Neuen mit Maske und Silberarm…

WER IST DER WINTER SOLDIER?

Der Winter Soldier läuft also ballernd und inmitten von Explosionen durch die Gegend – ist er ein Held oder ein neuer Schurke?

BUCKY BARNES
Kriegskämpfer

KENNE ICH IHN SCHON?

Ja! Der Winter Soldier ist eigentlich Captain Americas Freund Bucky Barnes, der mit ihm im Zweiten Weltkrieg diente (zuletzt in *Captain America: The First Avenger*). Er arbeitet nun für Hydra, obwohl er eindeutig auch mit den Sowjets zu tun hatte – sein Erkennungszeichen ist ein bionischer Metallarm mit rotem Stern.

ICH DACHTE, BUCKY STARB?

Das dachte auch Captain America! Bucky fiel 1945 bei der Ergreifung von Dr. Arnim Zola (Gehilfe von Red Skull) aus einem Hydra-Zug. Die Sowjets lieferten ihn schwer verletzt an Hydra aus. Zwischen den Hydra-Missionen wird Bucky gegen den Alterungsprozess in kryogenischen Kälteschlaf versetzt.

UND DIE GEHIRNWÄSCHE?

Dr. Zola unterzog Bucky einem schmerzhaften Programm, um sein Gehirn zu löschen. Sollte der Winter Soldier Anzeichen von Widerstand oder Unklarheit zeigen, wird sein Verstand erneut gelöscht und komplett neu programmiert. Die Programmierung ist aber nicht zu 100 Prozent wirksam…

Der Winter Soldier

ERINNERT ER SICH AN STEVE ROGERS?

Anfangs nicht. Als er Captain America bekämpft, kommt die Maske des Winter Soldiers abhanden. Cap erkennt ihn und ruft Buckys Namen. Das löst Erinnerungen in ihm aus, nur nicht sofort. Leider löscht sie Hydra einfach wieder. In der letzten Auseinandersetzung mit Steve Rogers erinnert sich Bucky erneut und rettet Cap vor dem Ertrinken – bevor er verschwindet.

Hydra machte an Bucky **schreckliche Experimente** und formte ihn zur Waffe.

ALSO IST DER WINTER SOLDIER NICHT BÖSE?

Als Winter Soldier hat Bucky Barnes für Hydra Schreckliches getan. Er tötete viele Menschen und schoss sogar (wenn auch nicht tödlich) auf Black Widow, Nick Fury und Captain America! Einige seiner schlimmsten Taten sind noch nicht einmal bekannt. Nichts davon hat er jedoch bei vollem Bewusstsein getan. Zola hat nicht gewonnen – tief drinnen lebt der Held Bucky noch.

Der **bionische Arm** des Winter Soldier verleiht ihm übermenschliche Stärke.

WIE GERIET ZOLA IN ALL DAS HINEIN?

Als man Zola im Zweiten Weltkrieg ergriff, rekrutierte ihn S.H.I.E.L.D., doch er blieb ein Doppelagent für Hydra. Damals wollte er den Winter Soldier zur neuen „Faust von Hydra" machen. Als 1972 sein Körper starb, wurde Zolas Verstand auf einen Supercomputer übertragen. Von dort aus konnte er Hydras Pläne weiter vorantreiben.

Dr. Zolas **böser Verstand** ist auch nach Jahrzehnten in einem Computer noch gefährlich.

Ich dachte, Cap wäre Amerikas größter Held…

WARUM LÄUFT CAP WEG?

Captain America ist Avengers-Mitglied und arbeitet für S.H.I.E.L.D., aber er ist derzeit kein gern gesehener Kollege. Warum sind sie hinter ihm her?

FALCON
Sam Wilson mit Flügeln

WIE GEHT ES CAP IM 21. JAHRHUNDERT?

Steve gewöhnt sich noch immer ein. Viele Leute, die er einst kannte, sind tot. Es gibt aber auch Gutes, etwa das Internet oder die tolle Musik, die ihm entgangen ist. Zum Glück findet er einen neuen Freund – Sam Wilson, einen Air-Force-Veteran, der bei VA (Veteran Affairs) arbeitet. Bei S.H.I.E.L.D. ist Natasha Steves Kollegin, aber sein Arbeitsleben ist gerade nicht so toll.

WER IST HINTER CAP HER?

S.H.I.E.L.D. – oder vielmehr Hydra im Gewand von S.H.I.E.L.D.! Nach dem Zweiten Weltkrieg rekrutierte S.H.I.E.L.D. den genialen Hydra-Agenten Dr. Arnim Zola. Er nutzte die Organisation, um daraus insgeheim Hydra neu aufzubauen. Die Infiltration betrifft alle Ebenen, bis hin zum Verteidigungsminister Alexander Pierce!

KRIEGERBANDE
Steve und Sam treffen sich zum ersten Mal, als Steve Sam mehrmals (und etwas nervig) auf seinem Morgenlauf überholt.

NUR DAS NÖTIGSTE
Es kommt zu Spannungen zwischen Steve und Natasha, als er argwöhnt, dass sie ihm Informationen vorenthält.

THE RETURN OF THE FIRST AVENGER

WIE LAUTET HYDRAS NEUER PLAN?

Pierce beaufsichtigt das neue Projekt Insight. Das Programm umfasst drei verbesserte Helicarrier, die ständig in der Luft und miteinander über Spionagesatelliten verbunden sind. Das Teuflische daran ist ein geheimer Algorithmus, entwickelt von Zola, der alle Digitalaufzeichnungen der Erde scannt und potenzielle zukünftige Bedrohungen für Hydra ausmacht. Die Helicarrier eliminieren diese dann vorbeugend.

NEUE SPIELZEUGE
Fury gibt Cap eine Tour zum Projekt Insight – dazu gehört eine geheime Sammlung von gigantischen High-Tech-Helicarriern.

WIE KOMMT HYDRA DAMIT DURCH?

Als Nick Fury Sorgen über das Projekt Insight anspricht, schickt ihm Pierce den Winter Soldier, um ihn zu erledigen. Fury kann fliehen und Steve warnen, nur um dann scheinbar getötet zu werden. Pierce legt Steve den Mord an Fury zur Last und S.H.I.E.L.D. jagt ihn. Cap wäre ohne Natasha und Sam dem Untergang geweiht!

WIE KÖNNEN DIE HELDEN HYDRA BESIEGEN?

Während Natasha ins Triskelion (das S.H.I.E.L.D.-Hauptquartier) eindringt, gehen Steve und Sam an Bord der Insight-Helicarrier, um sie zu übernehmen. Sam schlüpft in seine Flügel, mit denen er fliegen kann, was zum Codenamen „Falcon" führt. Trotz der heftigen Einmischung des Winter Soldiers können die Helden die drei Helicarrier zerstören.

S.H.I.E.L.D.S UNTERGANG
In der Schlacht am Triskelion kämpfen treue S.H.I.E.L.D.-Agenten gegen Hydra-Infiltratoren, die gerade noch Freunde und Kollegen waren.

SIND NICK FURY UND S.H.I.E.L.D. AM ENDE?

Nein und ja. Es erweist sich, dass der Winter Soldier Nick Fury nicht töten konnte. Fury nutzte die Gelegenheit, seinen Tod vorzutäuschen, und versteckte sich. Natasha lädt die S.H.I.E.L.D.-Daten ins Internet hoch, um Hydra bloßzustellen, was im Grunde beide Organisationen zugrunde richtet. Das bedeutet das Ende für S.H.I.E.L.D. – vorerst.

GUARDIANS OF THE GALAXY

ÜBERBLICK

Diese Weltraum-Abenteuerkomödie von 2014 war der erste Guardians of the Galaxy-Film. Er zeigte Chris Pratt als Peter Quill. Die Fans verliebten sich besonders in zwei computergenerierte Figuren: Rocket und Groot.

SUCHE NACH DEM ORB
1998 stirbt die Mutter des jungen Peter Quill an einem Gehirntumor. Gleich darauf wird er vom Alien Yondu Udonta und seinen Weltraumpiraten entführt, den Ravagers. Später stiehlt der erwachsene Peter, genannt Star-Lord, den rätselhaften Orb. Der Kree-Krieger Ronan der Ankläger will ihn ebenfalls – sein Stellvertreter Korath fängt Peter ab, aber Peter entkommt in seinem Raumschiff. Anstatt den Orb wie vereinbart Yondu zu bringen, will er ihn auf dem Planteten Xandar verkaufen. Yondu setzt wütend ein Kopfgeld auf Peter aus.

AUF NACH KNOWHERE
Im Gefängnis treffen die vier Drax, der sich an Ronan rächen will. Drax greift Gamora wegen ihrer Verbindung zu Ronan an, aber Peter überzeugt ihn, dass sie inzwischen gegen ihn arbeitet. Die fünf fliehen gemeinsam und hinterlassen im Gefängnis Chaos. Auf dem Außenposten Knowhere wollen sie den Orb verkaufen. Ihr Käufer, der Collector, stellt fest, dass im Orb ein Infinity-Stein steckt: ein Objekt mit grenzenloser Zerstörungskraft. Der Dienerin des Collectors löst mit dem Stein unabsichtlich eine Explosion aus. Gamora hält es für zu unsicher, den Orb beim Collector zu lassen, also nimmt sie ihn und will fliehen. Drax hat jedoch Ronan voreilig herausgefordert, dessen Streitkräfte nun auf Knowhere eintreffen.

DURCHEINANDER AUF XANDAR
Peters Händler will mit dem Orb nichts zu tun haben, als er erfährt, dass Ronan ihn sucht. Gamora, eine Bekannte von Ronan und adoptierte Tochter des „Irren Titans" Thanos, stiehlt Peter den Orb. Dann fangen die Kopfgeldjäger Rocket und Groot Peter. Sie werden alle vom Nova Corps festgenommen (Xandars Polizei).

> „Ich werde sterben, umgeben von den Ober-Idioten der Galaxis." GAMORA

Drax fordert Ronan persönlich heraus, woraufhin alle fast getötet werden. Ups.

GUARDIANS OF THE GALAXY

YONDU, DER RETTER

Nebula – Gamoras böse Schwester und Ronans Verbündete – zerstört Gamoras Fluchtkapsel und setzt sie aus. Ronan bekommt den Orb. Peter rettet Gamora und wendet sich verzweifelt an Yondu. Er verspricht Yondu den Orb, wenn er Peter und Gamora zu ihrem Raumschiff bringt. Peters neue Freunde sind sich einig, dass Ronan den Infinity-Stein nicht einsetzen darf, und verfolgen ihn. Ronan wendet sich gegen seinen Herrn Thanos und will mit dem Stein Xandar vernichten.

RONANS RUIN

Peter und seine Freunde verbünden sich mit Yondus Ravagers und dem Nova Corps, um Xandar zu retten. Die Guardians (außer Rocket) gehen an Bord von Ronans Raumschiff *Dark Aster*, während die anderen angreifen. Ronan vernichtet mit dem Infinity-Stein in seinem Kriegshammer die Flotte. Gamora besiegt Nebula, aber Nebula entkommt. Die Guardians scheinen unterlegen, bis Rocket ein Raumschiff in Ronans *Dark Aster* krachen lässt. Sie stürzt ab und Groot opfert sich, um alle zu retten. Auf dem Boden besiegen die Guardians Ronan gemeinsam.

Das mutige Nova Corps will in coolen, sternförmigen Raumschiffen Xandar vor Ronan beschützen.

HELDEN VON XANDAR

Peter gibt Yondu den Orb, tauscht aber insgeheim den Infinity-Stein gegen einen Plastiktroll. Den echten Infinity-Stein bekommt das Nova Corps zur sicheren Verwahrung. Im Gegenzug löscht das Corps die Verbrecherkarteien der Guardians. Peter erfährt auch, dass er nur halb-menschlich ist. Als die Guardians aufbrechen, hält Rocket einen frischen Setzling von Groot in den Händen.

DIE GUTEN

STAR-LORD (PETER QUILL)
Liebt Mixtapes und Regeln brechen

GAMORA
Gesuchte Attentäterin, tanzt nicht

DRAX
Muskelprotz, nimmt alles beim Wort

ROCKET UND GROOT
Sprechender Waschbär und wandelnder Baum

DIE BÖSEN

RONAN
Wilder Krieger mit schwerem Hammer

NEBULA
Cyborg-Schwester von Gamora mit Vaterkomplex

THANOS
Oberboss mit unzuverlässigen Angestellten

YONDU
Ravager-Pirat mit einer Schwäche für Pfeile und Pfiffe

Dieses Team sieht aber mal merkwürdig aus…

WIE KAM DIE GRUPPE ZUSAMMEN?!

Ich sehe einen Waschbären, einen Baum, eine grüne Frau, einen Muskelprotz und einen Typ mit Kopfhörern namens „Star-Lord". Kommen sie aus dem Weltraum?

ROCKET
Ein wütendes Viech

IST STAR-LORD EIN MENSCH?

Peter Quill (Star-Lord) ist der einzige Mensch bei den Guardians. Am Ende des Films kommt heraus, dass er halb menschlich ist (mütterlicherseits). Peter wurde auf der Erde geboren, als Kind von Ravager-Pirat Yondu Udonta entführt und fern der Welt aufgezogen.

IST ROCKET EIN „ERDENWASCHBÄR"?

Sieht so aus! Rocket wurde jedoch genetisch und kybernetisch verbessert und ist nicht nur intelligent – er ist auch grummelig und egoistisch! Er und sein Partner Groot geraten in einen Kampf zwischen Peter und der Attentäterin Gamora auf dem Planeten Xandar.

Gamora
Star-Lord
Drax der Zerstörer
Rocket
Groot

GUARDIANS OF THE GALAXY

IST GAMORA EINE SCHURKIN?

Nein! Gamora ist Thanos' Adoptivtochter, aber sie verrät ihn. Sie will Peter den Orb stehlen, doch anstatt ihn wie befohlen zu Thanos zu bringen, möchte sie ihn an den „Collector" verkaufen. Trotzdem läuft nicht alles wie geplant – das hat Drax verbockt.

Der Orb

Der Kree **Korath** ist Ronans Stellvertreter. Er kämpft auf dem Planeten Morag mit Star-Lord um den Orb.

WIE VERMASSELT ES DRAX?

Drax fordert Thanos' Verbündeten Ronan voreilig heraus. Drax will Rache, weil Ronan seine Familie ermordete. Im Chaos einer unabsichtlichen Explosion im Museum des Collectors trifft Ronan ein und nimmt sich den Orb. Die Guardians verfolgen ihn zu seinem Raumschiff über Xandar, wobei sie ohne Groot gestorben wären.

Yondu hat ein kompliziertes Verhältnis zu Peter. Obwohl er ein Kopfgeld auf Peter aussetzt, sorgt er sich um ihn.

WIE RETTET GROOT DIE GUARDIANS?

Obwohl das intelligente Gewächs Groot stets nur die Worte „ich bin Groot" äußert (immer wieder), ist es eigentlich echt nett. Als Ronans Schiff abstürzt, lässt Groot eine schützende Hecke um seine Freunde wachsen. Groot rettet sie, wird aber selbst zerlegt. Rocket pflanzt einen Ableger ein und lässt daraus einen entzückenden Baby-Groot wachsen!

Der **Kyln** ist ein Hochsicherheitsgefängnis, wo diese schrägen Individuen zum ersten Mal zusammenkommen. Yeah!

Die Guardians haben viel mit der Abwehr von Schurken zu tun …

WER SIND DIE GEGNER DER GUARDIANS?

Einer trägt Kriegsbemalung und lässt sich absolut nicht abschütteln. Der andere ist groß, lila und sitzt auf einem Thron im All, ist aber nicht oft im Bild. Sind sie was Besonderes?

WER IST DER FINSTERE TYP MIT DER KAPUZE?

Der böse Ronan ist ein außerirdischer Kree, der das Volk von Xandar fanatisch hasst und eine Vorliebe für grusliges Make-up hat. Aus Wut auf einen Friedensvertrag zwischen Xandar und den Kree ist er entschlossen, Rache zu nehmen und Xandar auszulöschen.

UND WER IST DER KERL AUF DEM THRON?

Thanos, der auch „Irrer Titan" genannt wird. Er gilt als „mächtigstes Wesen im Universum". Die zufrieden lächelnde, finstere Gestalt sitzt auf einem fliegenden Raum-Thron und beauftragt Ronan. Behalte Thanos im Auge, er wird zu einer der größten Gefahren!

WAS IST RONANS AUFTRAG?

Thanos verspricht, Ronan bei der Zerstörung von Xandar zu helfen, wenn Ronan den Orb holt und ihn Thanos bringt – aber Ronan behält ihn selbst und will Xandar allein zerstören. Letztlich enttäuscht Ronan Thanos, ganz wie zuvor auch schon Gamora und Nebula.

GUARDIANS OF THE GALAXY

NEBULA? WER IST DAS?

Nebula ist ein blauhäutiger, weiblicher Cyborg und eine weitere Adoptivtochter von Thanos (also Gamoras Schwester). Sie verbündet sich mit Ronan gegen ihren Vater, den sie zutiefst hasst. Thanos hat zu seinem Glück noch andere Kinder ... auch wenn sie hier noch nicht gezeigt werden.

ES IST PERSÖNLICH!
Ronan hasst Xandar wirklich SEHR! Nach tausend Jahren des Kriegs hat er das Gefühl, der Friedensvertrag wäre ein Verrat an den gefallenen Kree.

WAS HAT THANOS EIGENTLICH VOR?

Thanos will die Infinity-Steine. Laut Collector gab es vor der Dämmerung des Universums sechs Singularitäten, die dann in Steine verarbeitet wurden. Der Orb enthält einen, den Stein der Macht. Thanos will sie alle sechs, um ihre gesammelte Macht in seinem „Infinity-Handschuh" zu bündeln – und damit das Universum zu beherrschen!

UND WAS, WENN MAN EINEN STEIN BERÜHRT?

Das hängt davon ab, wer! Es hilft, wenn man bereits mächtig ist. Als Carina, die Dienerin des Collectors, den Stein der Macht berührt, explodiert sie! Ronan überlebt kurzen Kontakt, genauso Star-Lord (aber nur wegen seiner Celestial-DNA und der anderen Guardians, die die Macht des Steines untereinander aufteilen, um Ronan zu vernichten).

LISTE DER INFINITY-STEINE

Raumstein
Verborgen im Tesserakt ist er ein Quell grenzenloser Energie und lässt den Benutzer überall hin reisen.

Realitätsstein
Verborgen als Aether dringt er in Wesen ein und ermöglicht die Änderung der Wirklichkeit.

Zeitstein
In Doctor Stranges Auge von Agamotto. Der Benutzer kann die Zeit seinem Willen unterwerfen.

Stein der Macht
Aufbewahrt im Orb verleiht er die Macht, ganze Planeten zu zerstören, tötet aber jeden, der ihn berührt.

Gedankenstein
Eingelassen in Lokis Zepter, später in Visions Stirn lässt er den Benutzer Gedanken beherrschen und verleiht Superkräfte.

Seelenstein
Noch nicht enthüllt.

83

AVENGERS:
AGE OF ULTRON

AUF EINEN BLICK

Die Avengers überfallen eine Hydra-Anlage und fangen Strucker.

Tony birgt Lokis Zepter.

Scarlet Witch zeigt Tony eine schreckliche Vision.

Tony findet Alien-Code im Zepterstein.

Er lässt einen von Tonys Iron-Legion-Anzügen das Zepter stehlen.

Ultron baut sich einen Körper und greift die Avengers an.

Ultron erlangt Bewusstsein und will JARVIS zerstören.

Tony und Bruce erschaffen mit dem Stein die künstliche Intelligenz Ultron.

Ultrons Verstand flieht durchs Internet in die Roboter in Struckers Stützpunkt.

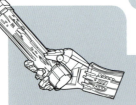

Sie holen Vibranium von Ulysses Klaue in Johannesburg.

Die Avengers schreiten ein, Scarlet Witch schockt sie mit Visionen.

Öffentlicher Protest schickt die Avengers in den Untergrund.

Ultron baut Drohnen.

Scarlet Witch und Quicksilver kämpfen für Ultron.

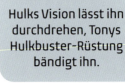

Hulks Vision lässt ihn durchdrehen, Tonys Hulkbuster-Rüstung bändigt ihn.

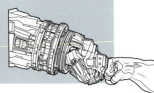

AVENGERS: AGE OF ULTRON

Die Avengers stehlen Ultrons neuen Körper.

Ultron entführt Black Widow.

Tony birgt JARVIS, lädt ihn in Ultrons neuen Körper.

Thor erweckt den Körper mit Blitzen und erschafft Vision.

Die Zwillinge helfen den Avengers gegen Ultron.

Ultron zwingt Dr. Cho, ihm einen neuen Körper zu bauen, lädt seinen Verstand hoch.

Vision bekämpft Ultron, blockiert Internet-Zugang.

Bruce rettet Black Widow.

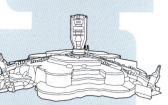

Die Avengers folgen Ultron nach Sokovia zur Weltuntergangsmaschine.

Ultron hebt mit einem Gerät die Stadt in die Luft.

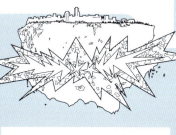

Black Widow weckt Hulk zum Kampf.

Quicksilver opfert sich für Hawkeye und Zivilisten.

Thor deutet die Vision und erfährt von den Infinity-Steinen.

Thor und Iron Man zerstören das Gerät und die fallende Stadt.

Die verstörte Scarlet Witch reißt das Herz aus Ultrons Primärkörper.

Fury versammelt die Avengers.

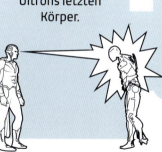

Vision zerstört Ultrons letzten Körper.

Neueste Avengers beginnen Ausbildung.

Thanos birgt den Infinity-Handschuh.

85

AVENGERS:
AGE OF ULTRON

ÜBERBLICK

Unter der Regie von Joss Whedon gab es 2015 in Avengers: Age of Ultron *neue Mitglieder – Zwillinge in schnell und sonderbar, den roten Kerl im Umhang – und mit Ultron den wohl härtesten Gegner bisher, was zu einer heftigen Schlacht führte.*

STURM AUF DIE BURG

In Sokovia dringen die Avengers in die Burg von Baron Strucker ein, einem der letzten Hydra-Anführer. Sie suchen nach Lokis gestohlenem Zepter, Struckers Forschungsobjekt. Die Zwillinge Wanda (Scarlet Witch) und Pietro (Quicksilver) Maximoff halten sich im Schatten. Sie sind Struckers Testpersonen und bekamen durch das Zepter Kräfte. Wanda unterwirft Tony heimlich einer schrecklichen Vision – Avengersfreunde, getötet von Chitauri –, bevor sie ihn das Zepter nehmen lässt.

KINDER DES ZEPTERS

Ultrons Verstand flieht durch das Internet nach Sokovia, wo er sich in die Roboter begibt, an denen Strucker arbeitete. Ultron lädt die Zwillinge ein, ihm gegen die Avengers zu helfen. Wanda und Pietro wollen ihre Eltern rächen, die durch Bomben von Stark Industries umkamen. Die Drei reisen nach Johannesburg, um Vibranium zu kaufen und einen Körper für Ultron zu erschaffen. Die Avengers tauchen auf, aber Wanda quält sie mit Visionen und stiftet Chaos.

PFUSCH MIT DEM UNBEKANNTEN

In New York untersucht Tony das Juwel des Zepters in seinem Labor. Er entdeckt, dass man damit künstliche Intelligenz erschaffen kann. Tony gräbt eine alte Idee aus – die Friedens-Initiative Ultron, die unabhängig die Iron Legion anführen soll (eine Einheit aus Tonys Anzügen), um Bedrohungen für die Erde zu bekämpfen. Dann könnten die Avengers in den Ruhestand gehen! Tony und Bruce Banner lassen die künstliche Intelligenz mit Tonys Werk synchronisieren und gehen dann zu einer Avengers-Party. Plötzlich erlangt Ultron Bewusstsein und greift JARVIS an, Tonys Assistenten. Ultron bezieht einen temporären Körper aus Ersatzteilen und taucht uneingeladen auf der Party auf. Mit der Iron Legion greift er die Avengers an, um die Welt zu retten und Frieden zu bringen: Dazu ist die Auslöschung der Avengers nötig.

HULK GEGEN HULKBUSTER

Banners Vision verstört ihn, sodass er zum Hulk wird. Stark holt den Hulkbuster – den bisher größten Iron-Man-Anzug. Der Kampf zwischen Iron Man und Hulk legt Teile von Johannesburg in Trümmer und schickt die Avengers in den Untergrund.

Hulk kämpft gegen Iron Man in der Hulkbuster-Rüstung und es wird sehr unschön.

AVENGERS: AGE OF ULTRON

ES IST EIN SYNTHEZOIDEN-JUNGE!

In Seoul zwingt Ultron die Genetikerin Dr. Helen Cho, ihm einen brandneuen Körper aus synthetischen menschlichen Zellen und Vibranium zu bauen. Ultron platziert ihm das Juwel des Zepters (eigentlich einen Infinity-Stein) in die Stirn und verleiht ihm so Macht. Wanda liest Ultrons Gedanken, als er den Download in den neuen Körper startet. Entsetzt vom Plan, die Menschheit auszulöschen, wenden sich die Zwillinge gegen ihn. Die Avengers stehlen Ultrons neuen Körper, bevor er ihn ganz bezieht. Tony installiert stattdessen JARVIS, und Thor erweckt ihn mit Mjöllnirs Blitzen zum Leben. Sie erschaffen den neuen Avenger Vision. Zum Glück ist er freundlich!

Vision kommt sich im neuen Körper merkwürdig vor. Der Gedankenstein macht ihn sehr mächtig.

DER FALL VON SOKOVIA

Die Avengers folgen Ultron und seinen Drohnen nach Sokovia. Er will die Stadt in den Himmel heben und wie einen Kometen herabstürzen lassen, um das Leben auf der Erde auszulöschen. Vision blockiert Ultrons Zugang zum Internet, damit er nicht fliehen kann. Die Avengers evakuieren die Stadt, aber Ultrons Drohnen greifen an und töten Quicksilver. Wanda zerstört aus Rache Ultrons Hauptkörper. Thor und Iron Man zersprengen die Stadt kurz vor dem Aufprall. Danach vernichtet Vision Ultrons letzten Körper, sodass seine Ära endet.

Vision, Iron Man und Thor vereinen ihre Angriffe, um eine Kerbe in Ultron zu hauen.

DIE GUTEN

DIE AVENGERS
Gestresst, aber noch ein Team

NICK FURY
Alleingänge kann er nicht ausstehen

VISION
Vom Schurken zum Helden, kann Mjöllnir anheben

DR. HELEN CHO
Weltbekannte Forscherin, heilt große Wunden

SCARLET WITCH (WANDA MAXIMOFF)
Kann mit ihren Händen zaubern

QUICKSILVER (PIETRO MAXIMOFF)
Schnell, aber nicht schnell genug

DIE BÖSEN

ULTRON
Tonys größter Fehler, bedrohlicher Android

ULTRONS DROHNEN
Entbehrliche Soldaten, Ersatzkörper

Ein böser, doch charmanter Android löscht sie fast aus…

WER MAG DIE AVENGERS NICHT?

WALD VON SOKOVIA
Versteckspiel mit Hydra

Ich dachte, Iron Man mag Roboter! Warum sollte sich einer gegen ihn wenden? Und warum wackelt die Rothaarige so mit den Fingern?

WARUM ERSCHAFFT TONY ULTRON?

Kurz gesagt – für den Ruhestand! Tony findet einen Alien-Code im Juwel des Zepters, mit dem er eine künstliche Intelligenz erschafft. Er findet, sie passt perfekt zu seinem Ultron-Programm: Die künstliche Intelligenz soll die Iron Legion anführen und die Erde schützen. Die Avengers könnten sich zur Ruhe setzen – hurra! Tony stellt sich ein sorgenfreies Leben mit Margaritas am Strand vor. Es läuft natürlich alles schief, denn Ultron erweist sich als ganz schön böse.

WARUM HASSEN DIE MAXIMOFFS TONY SO?

Als Wanda und Pietro zehn Jahre alt waren, kamen ihre Eltern durch eine Bombe um. Die Zwillinge saßen zwei Tage im Schutt fest. Eine zweite, nicht explodierte Bombe war neben ihnen, darauf stand „Stark Industries". Daher sehen sie die Verantwortung für die Tragödie bei Tony persönlich und wollen Rache.

WIE BEKAMEN DIE MAXIMOFFS IHRE SUPERKRÄFTE?
Wanda und Pietro melden sich für ein Hydra-Experiment von Dr. List in Struckers Burg. List verleiht beiden mit Lokis Zepter Superkräfte – sie werden Struckers Musterschüler.

Quicksilver

Scarlet Witch

AVENGERS: AGE OF ULTRON

IST WANDA *TATSÄCHLICH* EINE HEXE?

Gar nicht! Das „Scarlet" im Namen Scarlet Witch kommt durch ihre Haarfarbe und die Farbe der Energie, die sie einsetzt. Ihre Fähigkeiten – Gedankenlesen, Energiekugeln abschießen, Visionen auslösen und Objekte schweben lassen – sehen nach altmodischem Hexenwerk aus. Die Gabe ihres Bruders ist da simpler: Er ist blitzschnell!

Wanda, oder **Scarlet Witch**, ist anfangs nicht der größte Avengers-Fan, aber schließlich treten sie und Pietro bei.

WAS IST ULTRONS PLAN?

Tony programmiert Ultron, um „unserer Zeit Frieden zu bringen". Leider scheint Ultron eigene Schlüsse zur Weltrettung zu ziehen. Er hält die Avengers und die übrige Menschheit für eine Bedrohung. Daher will er die Menschheit auslöschen und durch eine Androiden-Zivilisation ersetzen, die er kontrolliert. Er ist ein Android ganz nach Thanos' Geschmack.

Pietro, oder **Quicksilver**, rettet mit seiner Superschnelligkeit in Sokovia viele Leben, muss aber leider seines opfern.

STECKT DER GROSSE LILA TYP DAHINTER?

Ob absichtlich oder zufällig, Thanos hatte etwas mit Ultrons Schöpfung zu tun. Lokis Zepter (das von Thanos kam) spielt bei allem eine Rolle. Es verlieh Wanda Kräfte, sodass sie Tonys schreckliche Vision auslöst, die ihn zur Schöpfung von Ultron anspornt. Es liefert auch die künstliche Intelligenz, mit der Tony Ultron fertigstellt. UND Ultrons Körper nutzt Chitauri-Technik aus Thanos' Armee. Alles sehr verdächtig...

Überraschung! Der Juwel im Zepter ist tatsächlich der **Gedankenstein** – ein weiterer Infinity-Stein.

Androiden-Plänen kommt immer das Leben in die Quere...

WARUM GEHT ULTRONS VISION NACH HINTEN LOS?

Alles lief hervorragend für den bösen Ultron, bis er einen lebenden Körper erschaffen wollte. Wieso endet sein „Vision" als einer der Guten?

DR. CHO
Visions Mutter (sozusagen)

WARUM WILL ULTRON EINEN NEUEN KÖRPER?

Ultron sucht Perfektion, daher die ständigen Upgrades. Mit „Vision" kann er sich in einen Androiden laden – eine künstliche Lebensform. Er glaubt, das Leben verfüge über einen klareren Evolutionsweg und mit einem lebenden Körper könnte er die volle Kraft des Gedankensteins nutzen. Veränderung ist doch außerdem immer gut...

KLINGT KOMPLIZIERT. WIE GEHT ULTRON VOR?

Ultron zwingt Dr. Helen Cho, eine Spezialistin für künstliches menschliches Gewebe, ihm einen Körper wachsen zu lassen. Ultron säumt die Zellen mit Vibranium, was ihn nahezu unzerstörbar macht. Der Gedankenstein verleiht ihm zudem Superkräfte. Zu Ultrons Pech schafft er es nicht, seinen Verstand komplett in den schicken neuen Körper zu laden. Stattdessen installiert Tony JARVIS, und Thor fügt eine Dosis Blitz hinzu, um Vision zum Leben zu erwecken.

Vision

AVENGERS: AGE OF ULTRON

JARVIS IST TONYS ASSISTENT, ODER?

Ja, er ist Tonys Assistent, eine künstliche Intelligenz – und noch viel mehr. Er betreut Tonys Heim, hilft bei der Leitung von Stark Industries und ist mit den Iron-Man-Anzügen verbunden. Interessant: Nachdem JARVIS in Vision geladen ist, nutzt Tony eine neue weibliche künstliche Intelligenz namens FRIDAY.

WARUM HABEN DIE MEISTEN AVENGERS ANGST VOR VISION?

Weil er ein weiterer Ultron sein könnte! Die Avengers sind immer noch ziemlich sauer auf Tony und Bruce, die Ultron erschufen. Obwohl die beiden kein Monster loslassen wollten, ist genau das passiert. Zum Glück sind Vision und Ultron jedoch völlig gegensätzlich. Vision hat großen Respekt vor der Menschheit, und bald erkennen das auch die Avengers. Thor war von Anfang an auf Visions Seite, daher holte er den neuen Helden mit rotem Gesicht ins Leben.

Ultron nimmt den **Gedankenstein** aus dem Zepter und setzt ihn in die Stirn des neuen Körpers. Er steht auf Klunker.

Die Avengers bringen den Körper zum Avengers Tower. Thor beschießt ihn mit **Blitzen**. Willkommen, Vision!

WARUM? IST THOR EINFACH NUR NETT?

Nein. Wanda schickte Thor eine Vision über die Zukunft von Asgard. Um sie zu enträtseln, sucht Thor einen Zaubersee auf. Dort sieht er die Infinity-Steine und Vision, der in einem Krieg eine wichtige Rolle spielen wird. Als Vision auftaucht, ist er würdig, Thors Hammer zu heben: Ein weiterer Beweis, dass er zu den Guten gehört.

„Ich wurde gestern geboren."
VISION

KAMPF UM SOKOVIA
AUF EINEN BLICK

Während die Avengers von Wandas Visionen, Hulks Tobsucht und Visions Geburt abgelenkt sind, baut Ultron emsig eine Armee und plant den Weltuntergang.

GEGNER

WARUM KÄMPFEN SIE GEGENEINANDER?

Ultron will die Menschheit auslöschen, indem er mit einer Weltuntergangsmaschine Sokovia vom Himmel fallen lässt. Die Avengers wollen die Menschheit retten – und die Einwohner.

**HELICARRIER BEOBACHTET AUS DER FERNE.

INFO-BOX

BEFEHLSHABER – Captain America (Avengers) vs. Ultron

GELÄNDE – Alter Stadtkern von Sokovia

WICHTIGE KAMPFORTE – Zerstörte Kirche mit dem Gerät, Evakuierungsbrücke

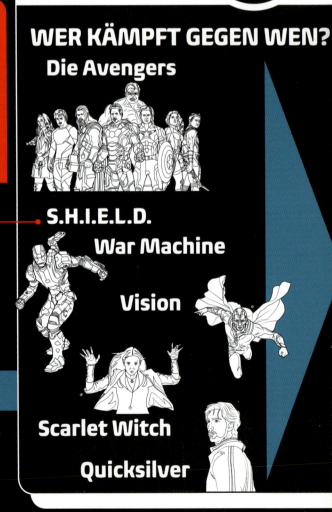

WER KÄMPFT GEGEN WEN?
Die Avengers

S.H.I.E.L.D.

War Machine

Vision

Scarlet Witch

Quicksilver

AVENGERS: AGE OF ULTRON

Die Stadt steigt auf.

SCHLÜSSELMOMENTE

AUSGESPERRT – Vision entert Ultrons Verstand und blockiert seine Flucht über das Internet.

SOKOVIAS FALL – Als Wanda Ultron zerstört, betätigt eine Drohne das Weltuntergangsgerät.

ENDE DER STADT – Thor zerbricht die fallende Stadt mit Mjöllnir, bevor sie auf dem Boden aufschlägt.

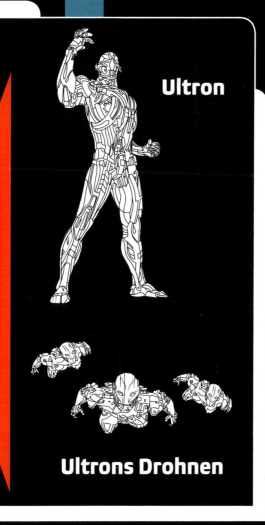
Ultron

Ultrons Drohnen

WER GEWINNT?

Die Avengers gewinnen, aber es gibt große Kollateralschäden. Pietro Maximoff kommt um, Hulk verschwindet in einem Quinjet ins All. Viele Sokovier sterben, was zum Sokovia-Abkommen und dem Civil War der Avengers führt.

ANT-MAN

ÜBERBLICK

Phase 2 des Marvel Cinematic Universe endete 2015 mit Ant-Man. Hank Pym, der ursprüngliche und bekannteste Ant-Man der Marvel Comics trat auf, dazu Scott Lang, eine neuere Figur aus den Comics, die im Film die Titelrolle übernimmt.

ICH KÜNDIGE!
1989 trifft sich Hank Pym mit Howard Stark, Peggy Carter und Mitchell Carson im S.H.I.E.L.D.-Hauptquartier. Er stellt sie zur Rede, weil S.H.I.E.L.D. seine Pym-Partikel kopieren will, was Carson (insgeheim Hydra-Agent) vorantrieb. Wütend über die Täuschung und die Gefahr zieht sich Hank aus S.H.I.E.L.D. zurück.

„Zweite Chancen kriegt man nicht so oft."
HANK PYM ZU SCOTT LANG

NEUE PLÄNE
In der Jetztzeit kommt Scott Lang aus dem Gefängnis. Er zieht zu seinem ehemaligen Zellengenossen Luis, findet aber kaum Arbeit. Luis schlägt stattdessen einen Einbruch vor, aber Scott weigert sich. In der Zwischenzeit wird Hank in seine frühere Firma Pym Technologies eingeladen. Der derzeitige CEO Darren Cross plant, Hanks Pym-Partikel zu entwickeln und den dazu passenden bewaffneten Yellowjacket-Anzug; alles entgegen Hanks Wünschen.

ANT-MAN AUS VERSEHEN
Scotts kriminelle Laufbahn bringt ihn gegen seine Ex-Frau und ihren Verlobten Paxton auf, der Polizist ist. Die Besuchsrechte bei seiner Tochter Cassie sind gefährdet. Um den Unterhalt zu zahlen, will Scott sich Luis' Raubzug anschließen – in Hanks Villa. Scott bricht in Hanks Safe ein, findet aber nur Hanks Ant-Man-Anzug. Als er ihn in seiner Wohnung anprobiert, schrumpft er und wird beinahe in den Abfluss gespült!

FESTNAHME UND FLUCHT
Scott bekommt Panik wegen des Anzugs und will ihn zu Hank zurückbringen, wird aber dabei festgenommen. Wieder im Gefängnis besucht Hank Scott und verrät, dass er Luis manipulierte, um Scott zu dem Einbruch zu bringen, der ein Test war. Hank lässt seine Ameisen den Ant-Man-Anzug in Scotts Zelle bringen. Scott zieht ihn an, schrumpft, entkommt und fliegt auf einer Ameise (die er Ant-thony nennt) zu Hanks Haus.

Darren Cross zeigt Hank und seiner Tochter Hope van Dyne den Yellowjacket.

94

ANT-MAN

ANT-MAN-METAMORPHOSE
Hank zeigt Scott, wie er mit Ameisen kommuniziert und wie der Ant-Man-Anzug die Größe ändert. Er erklärt die Gefahren von Cross' Yellowjacket-Programm und will Scott Besuchsrechte bei seiner Tochter verschaffen, wenn Scott den Yellowjacket-Anzug stiehlt. Hank und seine Tochter Hope bilden Scott aus, um seine Stärke bei kleiner Größe zu maximieren und mit Hanks Ameisen zu arbeiten.

EINBRUCH BEI PYM TECH
Cross stellt den Yellowjacket-Anzug fertig und lädt Hank und Hope zu einer Feier bei Pym Tech ein, wo er den Anzug auch an Hydra verkaufen will. Gleichzeitig dringt Scott mithilfe seiner Freunde und mit Hanks Ameisen in die Firma ein. Hank, Hope und Scott werden erwischt, als Scott den Anzug stehlen will. Die drei kämpfen sich hinaus, bis Cross schießt und Hank verletzt. Cross flieht in seinem Hubschrauber, aber Scott folgt ihm, und bei einem Kampf in Miniaturgröße wird Cross von einem Insektenbrutzler gelähmt. Scott wird von Paxton festgenommen.

Scotts persönliche Ameise Ant-thony hilft beim Einbruch bei Pym Tech, wird aber von Cross vernichtet.

VERNICHTUNG VON YELLOWJACKET
Paxton hört von Schwierigkeiten zu Hause und eilt dorthin. Scott befreit sich und findet Cross, der Scotts Tochter Cassie als Geisel genommen hat. Die beiden geraten in Cassies Zimmer heftig aneinander. Scott schrumpft auf subatomare Größe und schlüpft in Cross' Anzug, um ihn zu sabotieren, was Cross implodieren lässt. Nach Scotts Sieg lässt der dankbare Paxton Scott wieder Zeit mit seiner Tochter verbringen.

DIE GUTEN

ANT-MAN (SCOTT LANG)
Ex-Betrüger mit Superheldenüberzeugung

HOPE VAN DYNE
Angehende Wasp, Kampfkunstexpertin, Hank Pyms Tochter

CASSIE
Scotts Tochter, Ant-Mans Motivation

LUIS
Mitbewohner mit schlechtem Einfluss

JIM PAXTON
Liebevoller Stiefvater, eifersüchtiger Cop

ANT-THONY
Scotts treues Ameisenross

DIE BÖSEN

YELLOWJACKET (DARREN CROSS)
Gefährlicher Krabbler

MITCHELL CARSON
Noch ein S.H.I.E.L.D./Hydra-Doppelagent

Ich weiß, dass Pym-Partikel beteiligt sind...

WIE VERÄNDERT ANT-MAN SEINE GRÖSSE?

Es wird offenbar viel geschrumpft und Insekt gespielt. Ist Ant-Man Halb-Insekt? Ist sein Anzug nur schick oder verleiht er ihm diese Ungezieferkräfte?

WIE FUNKTIONIEREN PYM-PARTIKEL GENAU?

Gute Frage! Materie besteht zum Großteil aus leerem Raum – den Abständen zwischen den Atomen. Pym-Partikel reduzieren diese Abstände und komprimieren dadurch Materie. Der Ant-Man-Anzug verteilt die Partikel, sodass der Träger nach Belieben die Größe ändern kann. Der Helm verhindert, dass die Pym-Partikel Scott verrückt werden lassen.

WIE LENKEN SCOTT UND HANK AMEISEN?

Hank erfand Kopfhörer, die menschliche Gehirnwellen in elektromagnetische Wellen umwandeln, die wiederum Nachrichten an Ameisen übermitteln. Ameisen heben das Fünfzigfache ihres Körpergewichts und arbeiten bei Spezialaufgaben zusammen.

ANT-MAN

WIE WURDE CROSS CEO VON HANKS FIRMA?

Darren Cross war Hanks Assistent. Er vermutete, dass Hank ihm etwas vorenthielt: die Pym-Partikel und den Ant-Man-Anzug. Cross ließ Hank vom Aufsichtsrat aus seiner eigenen Firma ausschließen und sich zum CEO machen. Hope van Dyne, Hanks Tochter und Firmen-Vorsitzende, gab die entscheidende Stimme ab, bereute es aber später.

ABER WARUM STIMMTE HOPE FÜR CROSS?

Als Hope mit sieben Jahren vom Tod ihrer Mutter erfuhr, fühlte sie sich von ihrem Vater ignoriert. Hank verriet nicht, wie ihre Mutter gestorben war, und verbot Hope, den Wasp-Anzug ihrer Mutter zu nutzen. Hope erkannte nicht, dass er versuchte, ihre Mutter zu finden, während er Hope vor dem Schicksal ihrer Mutter schützte.

HANKS AMEISEN-ARMEE

Ross-Ameisen Extra-große Ameisen mit Flügeln für Transporte und Abwürfe aus der Luft.

24-Stunden-Ameisen Große Ameisen mit dem schmerzhaftesten Biss – toll zur Ablenkung.

Spinnerameisen Winzige, freundliche Ameisen. Sie sind blitzschnell und übertragen Elektrizität.

Feuerameisen Kleine, bissige Ameisen, die spontane Bauwerke wie Brücken oder Flöße bilden können.

UNGEZIEFERBEFALL
Jede der Ameisenarten spielt bei Ant-Mans Einbruch bei Pym Tech eine wichtige Rolle.

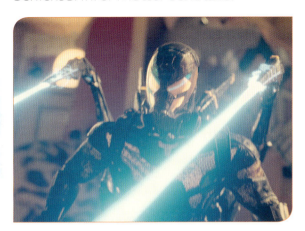

YELLOWJACKETS STICH
Da ihm nicht klar ist, dass er sein Gehirn vor den Pym-Partikel schützen muss, werden Darren Cross' eifersüchtige und ehrgeizige Züge weiter verschlimmert.

WAS IST NUN HOPES MUTTER PASSIERT?

1987 schossen sowjetische Separatisten eine Rakete auf die USA ab, die Hank und seine Frau Janet abfingen. Janet musste dazu subatomar klein werden und in die Rakete gelangen – aber sie schrumpfte immer weiter, bis sie schließlich im Quantenreich verloren war. Ihr Schicksal bleibt ungewiss.

97

> „Bald werdet ihr erfahren, wie es ist zu verlieren."
>
> THANOS

PHASE 3

THE FIRST AVENGER:
CIVIL WAR

100

DAS PASSIERT ...
Das Team ist gespalten. Cap und Iron Man streiten sich und alle stecken mit drin. Freunde bekriegen sich und es gibt einen spektakulären Kampf am Flughafen.

PHASE 3

DOCTOR STRANGE — 106

DAS PASSIERT ...
Jetzt wird's magisch! Der arrogante Chirurg Stephen Strange verliert nach einem Unfall seinen Job, wendet sich der Magie zu und stoppt einen fiesen Zauberer.

GUARDIANS OF THE GALAXY
VOL. 2 — 110

DAS PASSIERT ...
Star-Lords Vater ist da! Das passenderweise Ego genannte Planetenwesen pflanzt sich überall fort, doch die Guardians erledigen Ego, bevor er die ganze Galaxis beherrscht.

THOR:
TAG DER ENTSCHEIDUNG — 116

DAS PASSIERT ...
Thor findet heraus, dass er eine Schwester hat: Hela – die seinen Hammer zerbricht! Thor zieht los und zerstört Asgard, um sie zu besiegen. Er mochte den Hammer sehr!

BLACK PANTHER — 120

DAS PASSIERT ...
Willkommen in Wakanda! Black Panther stellt zu Hause fest, dass ein paar Schurken die Machtübernahme planen. Jetzt heißt es: Krallen ausfahren, um sie aufzuhalten!

MARVEL STUDIOS' AVENGERS:
INFINITY WAR — 124

DAS PASSIERT ...
Thanos (der lila Alien mit dem goldenen Handschuh) will die Infinity-Steine und wütet herum. Praktisch jeder Held taucht auf, um die Erde zu verteidigen!

THE FIRST AVENGER:
CIVIL WAR

ÜBERBLICK

Phase 3 startete 2016 mit The First Avenger: Civil War und dem bisher epischsten Kampf der Helden. Alle Avengers außer Thor und Hulk traten auf. Ant-Man und die Neulinge Black Panther und Spider-Man gesellten sich auch zum großen Schlagabtausch.

TÖDLICHE MISSION
1991 weckten Hydra-Forscher den Winter Soldier (Bucky Barnes) in einer Anlage in Sibirien. Er soll die Insassen eines Autos töten und ihren Aktenkoffer mit fünf Serum-Paketen an sich nehmen.

DAS SOKOVIA-ABKOMMEN
117 Länder unterstützen das Sokovia-Abkommen, das von den Avengers verlangen würde, ihre Identitäten zu registrieren und sich von den U.N. beaufsichtigen zu lassen. Tony unterstützt es, Steve ist dagegen. Währenddessen ermordet Helmut Zemo den früheren Hydra-Aufseher des Winter Soldiers und stiehlt das Code-Buch, mit dem Bucky als Hydra-Agent aktiviert wird.

TRAGÖDIE IN LAGOS
Im heutigen Lagos in Nigeria arbeitet Ex-S.H.I.E.L.D./Hydra-Doppelagent Brock Rumlow als Söldner. Die Avengers erwischen ihn beim Diebstahl einer Bio-Waffe, aber als Cap ihn in die Enge treibt, lässt Rumlow eine Selbstmordbombe hochgehen. Wanda dämmt die Explosion ein: Sie schleudert Rumlow in die Luft, um Cap zu retten – zerstört aber dabei Teile eines Gebäudes, sodass etliche Hilfsarbeiter aus Wakanda sterben.

Da er S.H.I.E.L.D.s Verderben sah, lehnt Steve jegliche Kontrolle durch die Regierung ab.

ANSCHLAG IN WIEN
Die U.N. unterzeichnen das Sokovia-Abkommen in Wien. Bei einem Anschlag kommt dort der der König von Wakanda ums Leben. Der Winter Soldier gilt als der Attentäter. T'Challa (Black Panther), der Sohn des Königs, schwört, Bucky zu töten. Sharon Carter verrät Steve Buckys Versteck, und Steve und Sam Wilson gehen nach Bukarest, um ihn zu schützen. Black Panther holt sie ein, nach einer wilden Verfolgungsjagd werden alle vier festgenommen.

> „Manchmal möchte ich dir deine perfekten Zähne rausschlagen."
> — TONY STARK ZU STEVE ROGERS

100

THE FIRST AVENGER: CIVIL WAR

REAKTIVIERTER SOLDAT

Zemo lässt Buckys Gefängnis-Psychiater ersetzen. Er reaktiviert Bucky mit den Codeworten und lässt ihn randalieren. Steve fängt seinen alten Kumpel ein und nimmt ihn mit. Als die Umprogrammierung nachlässt, erklärt Bucky, dass Zemo die U.N. bombardierte und den Standort einer Hydra-Anlage sucht, in der sich fünf weitere Winter Soldiers im Tiefschlaf befinden.

DIE GROSSE KONFRONTATION

Steve soll dem Abkommen Folge leisten oder er wird verhaftet. Stattdessen bildet er ein neues Team, mit dabei sind Ant-Man und Hawkeye. Auch Tony hat ein Team, zu dem Spider-Man kommt. Tony will Steve am Flughafen Leipzig-Halle stellen. Nach einem gigantischen Kampf, in dem Rhodey schwer verwundet wird, hilft Black Widow Steve und Bucky bei der Flucht, um Zemo zu folgen. Black Widow taucht unter. Der Rest von Steves Team geht ins Gefängnis Raft.

Am Flughafen finden sich Freunde und Verbündete auf unterschiedlichen Seiten wieder.

DAS ENDE DER AVENGERS?

Tony deckt Zemos Intrige gegen Bucky auf und folgt ihnen in die Hydra-Anlage in Sibirien. Dort finden sie heraus, dass Zemo alle anderen Winter Soldiers getötet hat. Zemo enthüllt seinen Plan: Tony sieht eine Aufnahme, die nahelegt, dass Bucky am Tod seiner Eltern schuld war. Das soll die Avengers von innen zerstören. Zemo wird von Black Panther gestellt, aber der erzürnte Tony kämpft gegen Bucky und Cap. Sie überwältigen Tony und fliehen, aber Cap lässt seinen Schild zurück. Dann geht er zum Gefängnis Raft und befreit seine Freunde.

DIE GUTEN

DIE AVENGERS
Zerrissenes Team

WINTER SOLDIER (BUCKY BARNES)
Zwischen den Stühlen, im Zentrum des Konflikts

BLACK PANTHER (T'CHALLA)
Held im Katzenanzug, der Rache sucht

ANT-MAN (SCOTT LANG)
Von der Ameise zum Riesen und wieder zurück

SPIDER-MAN (PETER PARKER)
Geheimwaffe, Wunderknabe

SHARON CARTER
Agent Carters Nichte, Steves Schwarm

DIE BÖSEN

HELMUT ZEMO
Ohne Superkräfte, aber erfinderisch

CROSSBONES (BROCK RUMLOW)
Gnadenloser Söldner

Die Avengers sind doch alle gut und schützen die Menschheit…

WARUM GIBT ES EINEN CIVIL WAR?

Zwei der stärksten Persönlichkeiten – Hulk und Thor – sind abwesend. Warum reißen Iron Man und Captain America das Team auseinander?

TONY IST WÜTEND…
Und Cap ist auf der Flucht.

WAS IST HIER DIE GROSSE STREITFRAGE?

Nach den Kollateralschäden in Lagos und Sokovia regt sich Widerstand gegen die Avengers. Das Sokovia-Abkommen der U.N. verlangt, dass die Avengers sich registrieren und der Kontrolle unterwerfen. Da er sich wegen Ultron schuldig fühlt, unterstützt Tony das Programm, während Cap es im Namen der Freiheit ablehnt. Jeder Avenger entscheidet sich für eine der beiden Seiten.

WELCHE AVENGERS SIND DIE BÖSEN?

Keine! Sie werden von Colonel Helmut Zemo ausgespielt. Beim Kampf der Avengers in Sokovia wurde Zemos Familie getötet. Da ihm die Macht fehlte, es selbst mit den Avengers aufzunehmen, ersinnt Zemo den Racheplan, sie gegeneinander aufzubringen. Er weiß, dass der Winter Soldier ein für Tony verheerendes Geheimnis besitzt.

WARUM KÄMPFEN ALLE GEGENEINANDER?

Zusätzlich zum Streit um das Sokovia-Abkommen gibt es noch den Winter Soldier. Sicherheitsaufnahmen legen nahe, dass er die U.N. bombardierte. Tony will, dass Bucky sich ausliefert, aber Cap will ihn nicht festnehmen lassen. Zwei entgegengesetzte Lager entstehen. Auf Tonys Seite stehen War Machine, Black Widow, Vision, Black Panther und Spider-Man. Zu Caps Team gehören Hawkeye, Falcon, Bucky, Scarlet Witch und Ant-Man.

WAS IST ZEMOS PLAN?

Zemos Plan ist eigentlich ganz einfach. Er will Tony ein altes Video zeigen, auf dem er sieht, wie der Winter Soldier Tonys Eltern umbringt. Zemo weiß, dass das ausreicht, um die Avengers zu zerreißen.

THE FIRST AVENGER: CIVIL WAR

Team Cap oder Team Iron Man?

Schuldgefühle wegen Sokovia lassen Tony die Kontrolle durch eine dritte Partei bevorzugen, aber Cap sah S.H.I.E.L.D.s Niedergang und glaubt nicht daran, dass Kontrolle besser ist. Es gibt von beiden Lagern Fans, je nachdem, welche Position man einnimmt… obwohl es auch davon abhängt, welche Figur man am liebsten mag!

CAPTAIN AMERICA

- Politiker haben eigene Pläne. Sie sind korrupt und entscheiden aus falschen Gründen.

- Registrierung ist ein Eingriff. Captain America ist für Freiheit und Selbstbestimmung.

- Helmut Zemo tötete die Menschen bei den U.N. Es war nicht Bucky.

- Caps Avengers sind nicht kriminell, sondern Helden, die ihr Leben für die Menschheit geben.

vs.

IRON MAN

- Zu viele Unschuldige kamen bei den Kämpfen der Avengers ums Leben.

- Man muss manche Freiheiten aufgeben, um Sicherheit zu haben.

- Der Winter Soldier tötete Unschuldige. Seine Taten verlangen Gerechtigkeit.

- Caps Avengers lehnten das Abkommen ab. Sie müssen sich den Konsequenzen stellen.

Eine Spinne und ein Panther mischen mit …

SIND TIERKOSTÜME DER NEUE TREND?

Spider-Man schießt Spinnennetze und trägt ein rot-blaues Kostüm mit großen weißen Augen. Black Panther hat coole Katzenohren und Krallen. Muss ich sonst noch was wissen?

BLACK PANTHER
Mag Anzüge aller Art

WER IST BLACK PANTHER?

Black Panther ist T'Calla, der Sohn des Königs T'Chaka von Wakanda. Seine Aufgabe ist es, Wakanda zu schützen. T'Challa ist schon einige Zeit der Black Panther, wird aber auch noch zum König Wakandas, als sein Vater traurigerweise stirbt.

WIESO VERKLEIDET ER SICH ALS PANTHER?

Nun, der Anzug verschleiert seine Identität und sieht klasse aus, schützt T'Challa und verleiht ihm echt scharfe Krallen. Er besteht aus Vibranium, einem fast unzerstörbaren Metall, das außerhalb Wakandas sehr selten ist.

IST BLACK PANTHER EIN AVENGER?

Nein (zumindest bis jetzt). T'Challa geht es um Wakanda. Erst schließt er sich Iron Man an, um Bucky zu töten. Aber als er merkt, dass Bucky das Gehirn gewaschen wurde, wechselt er die Seiten.

Black Panther

THE FIRST AVENGER: CIVIL WAR

UND WER IST DIESER SPIDER-MAN?

Peter Parker ist ein normaler Teenager – mit außergewöhnlichen Superkräften! Dank winziger, klebriger Härchen an den Fingerspitzen kann Peter Wände hochklettern. Er ist viel stärker, schneller, beweglicher und belastbarer als ein Normalsterblicher. Seine Sinne sind geschärft und seine Wunden heilen ebenfalls schneller als normal. Ohne Frage, ein echter Supermensch!

WIE HAT ER SEINE KRÄFTE DENN BEKOMMEN?

Der Biss einer radioaktiven Spinne verlieh Peter Superkräfte. Natürliche Netze kann er nicht spinnen, macht sich aber welche aus chemischen Stoffen, um daran herumzuschwingen. Auch sein Kostüm hat er sich selbst gemacht, doch das wirkte eher schlicht. Tony Stark gibt ihm einen High-tech-Anzug, als er Spidey in etwas hineinzieht, mit dem er nichts zu tun hat!

> „Du hast echt was drauf."
> TONY STARK ZU PETER PARKER

Beim Kampf in Leipzig ist Spidey in **Iron Mans Team**. Er kommt scheinbar aus dem Nichts und klaut Caps Schild.

Wie in einem alten Film arbeitet Spidey mit **War Machine** zusammen, um den riesigen Ant-Man zu Fall zu bringen.

WO LIEGT WAKANDA?

Wakanda ist ein afrikanisches Land, das vor dem Rest der Welt verborgen ist. Die Bewohner schützen sich, indem sie ihre Reichtümer und die fortschrittliche Technik verbergen. Nach den Ereignissen aus *The First Avenger* gewährt T'Challa Captain America und Winter Soldier Asyl in Wakanda, da viele sie für abtrünnig halten.

GOLDENE STADT
Die Außenwelt hält Wakanda für ein unwichtiges und abgelegenes Land. Tatsächlich ist es die fortschrittlichste Nation der Erde!

DOCTOR STRANGE

ÜBERBLICK

2016 trat der Schauspieler Benedict Cumberbatch als Doctor Strange an. Der Film zeigte neue Seiten vom Marvel Universum mit Figuren, die ihre Superkräfte mit Magie erlangten, oder vielmehr den „mystischen Künsten".

MYSTISCHER RAUB
Der Zauberer Kaecilius und seine Jünger stürmen die Bibliothek von Kamar-Taj (eine Art Magierschule) und stehlen Seiten eines mystischen Buches. Die Älteste, ebenfalls Zauberin, verfolgt die Diebe durch ein magisches Portal. Doch die Räuber können entkommen.

TREFFEN MIT DER ÄLTESTEN
In Kamar-Taj trifft Strange den Meister der mystischen Künste Mordo und die Anführerin, die Älteste (oder die „Oberste Zauberin"), die Verteidigerin der Erde. Sie zeigt dem skeptischen Strange eine bizarre Vision der Astralebene und anderer Dimensionen.

DOKTOR DRINGEND NÖTIG
In New York hat der berühmte Neurochirurg Stephen Strange einen Autounfall, bei dem seine Hände schrecklich verletzt werden. Selbst unzählige Operationen können das Geschick des stolzen Arztes nicht wiederherstellen. Strange kann nicht mehr arbeiten und weist die Hilfe seiner Freundin Dr. Christine Palmer ab. Er erfährt vom querschnittsgelähmten Jonathan Pangborn, der genesen ist. Strange trifft sich mit ihm, und Pangborn empfiehlt ihm Kamar-Taj in Nepal.

Stranges erste interdimensionale Erfahrung ist ziemlich abgefahren …

SCHÜLER STRANGE
Strange lernt bei der Ältesten und Mordo die mystischen Künste. Anfangs fällt es ihm schwer, aber dann liest er Bücher in der Bibliothek von Meister Wong und erlernt viele Fertigkeiten. So kann er etwa eine magische Pufferzone beschwören, die Spiegeldimension. Er erfährt auch, dass die Erde vor den Gefahren anderer Dimensionen durch einen Schild geschützt wird, den drei mystische Stützpunkte generieren – die Sanctums.

> „Dormammu! Ich bin hier, um zu verhandeln."
> DOCTOR STRANGE

DOCTOR STRANGE

KONFLIKT MIT KAECILIUS

Kaecilius nutzt die gestohlenen Seiten für eine Allianz mit dem bösen außerdimensionalen Wesen Dormammu. Er zerstört das Sanctum in London und greift das in New York an, aber Strange bekämpft ihn – mithilfe eines magischen Umhangs, der Strange zugetan ist. Kaecilius verrät Strange, dass die Älteste ihn täuscht und sich lebensverlängernde Kraft aus der bösen Dunklen Dimension holt. Ein Jünger von Kaecilius' sticht auf Strange ein, aber Christine rettet ihm das Leben.

UNTERGANG DER ÄLTESTEN

Strange kehrt ins Sanctum in New York zurück. Er stellt die Älteste zur Rede. Kaecilius greift erneut an, kämpft in der Spiegeldimension gegen Strange und Mordo. Die Älteste schreitet ein, um sie zu retten, wird aber tödlich verletzt. Vor ihrem Tod erklärt sie, dass sie von allen Wegen den besten gewählt hat, um die Erde zu retten, und dass Strange es genauso machen muss.

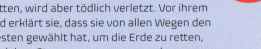

HANDEL MIT DORMAMMU

Strange und Mordo kommen zu spät, um das Sanctum von Hong Kong zu verteidigen. Wong ist tot, und die Dunkle Dimension nähert sich. Strange dreht mit dem Auge von Agamotto die Zeit zurück und belebt Wong wieder. Dann betritt Strange die Dunkle Dimension und erschafft mit dem Auge eine Zeitschleife, um Dormammu in einem endlosen Kampf zu fangen. Nachdem er Strange zahllose Male getötet hat, lenkt Dormammu ein, mit Kaecilius und seinen Jüngern die Erde für immer zu verlassen, wenn er aus der Schleife freikommt. Strange stellt das Sanctum wieder her, aber Mordo widern die Eingriffe in die Naturgesetze an – er geht. Strange wird Meister des Sanctums in New York.

Doctor Strange handelt einen Waffenstillstand mit Dormammu in der Dunklen Dimension aus.

DIE GUTEN

DOCTOR STEPHEN STRANGE
Arroganter Chirurg, liebenswerter Zauberer

WONG
Ernster Bibliothekar mit Biss

DIE ÄLTESTE
Weise Meisterin in unscheinbarer Gestalt

DR. CHRISTINE PALMER
Chirurgin, Stranges Lebensanker

KARL MORDO
Mystischer Meister, fällt vom glauben ab

DIE BÖSEN

KAECILIUS
Fanatischer Jünger von Dormammu

DORMAMMU
Zerstörer der Welten

Der Film sieht aus wie eine krasse Halluzination...

WARUM SO... SCHRÄG?

Der Raum dreht sich, dann ist die Welt ein Kaleidoskop aus Wolkenkratzern und Farben. Haben Doctor Stranges Medikamente Nebenwirkungen? Wen bekämpft er hier und warum?

WER IST IN DIESEM FILM DER BÖSE?

Dormammu, Herrscher der Dunklen Dimension, ein übernatürliches Wesen mit immenser Stärke, das danach strebt, alle anderen Dimensionen im Multiversum zu verzehren. Da die Zahl der Paralleluniversen angeblich endlos ist, ein ehrgeiziges Ziel!

WER IST DIE KAHLE DAME?

Die Älteste. Über sie ist nicht viel bekannt, außer dass sie eine sehr alte Keltin ist. Niemand kennt ihr genaues Alter, aber sie hat so einige Leben gelebt. Sie und die Ältesten vor ihr – auch als Oberste Zauberer bekannt – unterrichteten die mystischen Künste.

Die Älteste

EIN SKEPTIKER WIRD SCHÜLER
Als Wissenschaftler lehnt Strange die Lehren der Ältesten zunächst ab. Als sie ihm das Multiversum zeigt, bettelt er jedoch darum, die mystischen Künste erlernen zu dürfen.

WAS IST DAS?

Die mystischen Künste sind eine Form der Magie. Die Älteste, Doctor Strange und seine Mitschüler wirken Zauber. Sie öffnen Zugänge zu anderen Dimensionen oder überwinden weite Entfernungen. Sie nutzen auch magische Reliquien oder beschwören Waffen herauf, die aus magischer Energie bestehen.

GEHORCHEN ALLE DER ÄLTESTEN?

Nein! Kaecilius kam als gebrochener Mann nach Kamar-Taj (Heimat der Ältesten), da er alle Menschen verloren hatte, die er liebte. Er wollte einen neuen Lebenssinn finden, hielt die Älteste aber später für eine Heuchlerin, da sie anderen die Macht verwehrte, die sie aus der Dunklen Dimension bezog. Also stellte er sich gegen sie!

Als **Kaecilius** und seine Jünger Dormammu kontaktieren, werden ihre Augen schwarz und wund. Eklig...

WAS GENAU WILL KAECILIUS?

Dormammu verspricht ewiges Leben. In der Dunklen Dimension gibt es keine Zeit (was Doctor Stranges Zeitschleife dort zur mächtigen Waffe macht) und daher auch keinen Tod. Kaecilius erkennt nicht, dass ewiges Leben mit dem bösen Dormammu endlose Qualen bedeutet – bis es zu spät ist!

Die **Spiegeldimension** ist ein Parallelreich, in dem Meister der mystischen Künste die Umgebung manipulieren.

WAS IST DAS AUGE VON AGAMOTTO?

Agamotto war der erste Oberste Zauberer, der die drei Sanctums zum Schutz der Erde gründete. Das Auge von Agamotto enthält einen Infinity-Stein, mit dem der Benutzer die Zeit verändern kann. Man kann Personen oder Gegenstände auf der Zeitachse versetzen, die Zeit anhalten oder in eine Schleife zwingen. Ziemlich cool!

Das Auge von Agamotto

GUARDIANS OF THE GALAXY VOL. 2

ÜBERBLICK

Der zweite urkomische Guardians of the Galaxy*-Film brachte Peter Quill und Co. zurück. Groot ist als Fanliebling „Baby Groot" wieder da. Als Peters Versager-Vater Ego schloss sich Kurt Russell der Schauspielerriege an.*

ABLEBEN EINES ABILISKEN
Auf der Erde bezirzt 1980 Ego, der „Mann von den Sternen", Meredith Quill, Peters Mutter, und pflanzt einen seltsamen Spross. In der Jetztzeit sollen die Guardians die Batterien der außerirdischen Sovereign vor dem fiesen Abilisk verteidigen. Der Lohn ist eine Gefangene – Gamoras Schwester Nebula.

BETRUG AN DEN SOVEREIGN
Rocket stiehlt einige Batterien. Die wütende Sovereign-Anführerin Ayesha schickt den Guardians eine Flotte nach, doch ein seltsamer Mann rettet sie. Die Guardians landen auf dem nahen Planeten Berhert. Der Mann stellt sich als Ego vor, Peters Vater! Anderswo heuert Ayesha Yondu und seine Ravager-Crew an, um die Guardians zu fangen. Auf Berhert nehmen Ego und seine Dienerin Mantis Drax, Gamora und Peter mit auf Egos Planeten. Rocket und Groot bleiben zurück, um Nebula und das Raumschiff zu bewachen.

YONDUS UNGLÜCK
Yondu verfolgt die Guardians nach Berhert und fängt Rocket. Als Yondu Peter nicht jagen will, meutern sein Stellvertreter Taserface und die Crew mit Nebulas Hilfe. Ego und seine Gäste erreichen dessen schicken Planeten. Er prahlt, ein Celestial zu sein, ein altes, mächtiges Wesen, das den Planeten um seinen gehirnartigen Kern bildete (von dem der Menschenkörper ein Auswuchs ist). Während er die Galaxis bereiste, verliebte er sich in Peters Mutter.

CAPTAIN TASERFACE
Die Ravagers, Nebula und ihre Gefangenen verlassen Berhert auf Yondus Raumschiff. Taserface sperrt Rocket und Yondu ein, bringt alle Zweifler um und verkleidet Groot als kleinen Piraten. Nebula bricht auf, um Gamora zu jagen. Auf Egos Planet bringt Ego Peter bei, seine ererbten Celestial-Kräfte zu nutzen. Auf dem Schiff der Ravager befreit Kraglin – Yondus treues Crewmitglied – Yondu und Rocket. Zusammen töten sie die Verräter. Yondu lässt das Raumschiff explodieren, bevor sie sich zu Egos Planet aufmachen. Taserface schickt Ayesha die Zielkoordinaten der Flüchtigen.

Ego und Peter haben am Lagerfeuer gute Vater-Sohn-Momente.

> *„Ich bin Mary Poppins."*
> YONDU

FAMILIENDRAMA

Nebula will Gamora töten, aber sie gehen einen Waffenstillstand ein. Danach entdecken sie eine riesige Höhle mit Skeletten. In der Zwischenzeit will Ego Peters Hilfe und erklärt, wie er in der Vergangenheit seine Saat überall in der Galaxis zurückließ. Um sie zu aktivieren, war die Kraft eines weiteren Celestial nötig, daher musste er mit zahllosen Aliens Nachkommen zeugen. Ego heuerte den unwissenden Yondu an, um ihm die Kinder zu bringen. Keines hatte Celestial-Gene, daher tötete Ego sie alle. Doch ein Kind behielt Yondu – Peter. Ego enthüllt, dass er den Krebstod von Peters Mutter herbeiführte, und will Peter mit Gewalt die Energie entziehen, um seine Saat zu aktivieren.

EGO ZERSTÖREN

Mantis warnt Drax und Gamora vor Egos Plänen. Plötzlich trifft Yondu ein, lässt sein Schiff in Ego krachen und befreit Peter. Die Guardians fliegen ins Planetenzentrum (Egos Kern), als gerade die Sovereign-Flotte eintrifft und angreift. Rocket gibt Baby Groot eine Bombe, die tief im Kern gezündet werden soll, während die anderen die Sovereign-Flotte zerstören. Peter nutzt seine Kräfte in einem brutalen Kampf gegen seinen Vater. Die Bombe explodiert und tötet Ego. Yondu opfert sich, um Peters Leben zu retten, als sich alle in Sicherheit bringen. Die Ravager-Crews der Galaxis ehren zu Yondus Bestattung seinen Heldentod.

Peter und Gamora sehen den Himmel, erleuchtet von einer traditionellen Ravager-Bestattung für Yondu.

GUARDIANS OF THE GALAXY
VOL. 2

DIE GUTEN

GUARDIANS OF THE GALAXY
Sehr unterschiedliche edle Söldner

YONDU UDONTA
Außen grob, mit Herz aus Gold

MANTIS
Insektendame, liebenswert naiv

NEBULA
Hasst Verlieren und unreife Pflanzen

DIE BÖSEN

EGO
Selbstsüchtiges Superwesen

AYESHA
Goldene Sovereign mit Überlegenheitskomplex

TASERFACE
Charakter: fies, Name: noch fieser

ABILISK
Zähne und Tentakel, Appetit auf Batterien

Dieser Film scheint nur von Familiendramen zu handeln...

IST EGO GUT ODER BÖSE?

Star-Lord verbringt im Film viel Zeit damit, seinen Vater kennenzulernen. Wo kam er her und was hatte er die ganze Zeit vor?

IST EGO WIRKLICH STAR-LORDS VATER?

Ja! Peter begegnete seinem Vater nie. Seine Mutter sagte, sein Vater sei „ein Engel aus Licht". Andere haben in Peter einen Mensch-Alien-Mix erkannt. Daher ist es kein völliger Schock, als Ego sich als Peters Vater vorstellt und ihn auf seine Welt einlädt – bis er erklärt, was er wirklich ist!

UND WAS IST EGO?

Ego ist ein Celestial. Er beschreibt sich als Gott mit unfassbaren Kräften und unbegrenzter Lebensspanne. Seine wahre Gestalt ist ein gehirnartiges Wesen im Planetenkern. Die Welt um ihn herum – sogar seine menschliche Inkarnation – ist bloß ein Fortsatz. Ego ist aber nur „unsterblich", solange sein Kern sicher ist.

WAS WILL EGO?

Egos Ziel ist die Ausbreitung über die Galaxis. Dazu verteilte er Knospen seiner selbst auf anderen Welten, darunter der Erde. Er hätte gern Peters Gesellschaft bei dieser einsamen Mission, aber vor allem braucht er Peters Celestial-Kräfte, die Egos Ausbreitung nähren sollen, auch wenn sein Sohn dabei stirbt...

GUARDIANS OF THE GALAXY VOL. 2

> „Er war vielleicht dein Vater, aber er war nicht dein Daddy."
>
> YONDU UDONTA ZU PETER QUILL

IST EGO ALSO BÖSE?

Ziemlich sicher! Egos Ausbreitung bedeutet die Auslöschung des Lebens auf anderen Welten. Ego will auch, dass Peter seine Freunde hintergeht, und erwähnt nebenbei, dass er Peters Mutter den tödlichen Gehirntumor einsetzte, damit er keinen Grund hatte, zur Erde zurückzukehren! Dann ist da noch die Sache mit der Höhle voller Knochen…

Ego verführte Peters Mutter **Meredith** und erzählte ihr sogar von seiner Mission, sich im Universum auszubreiten.

WESSEN KNOCHEN SIND DENN DAS?

Ego besuchte zahllose Welten und pflanzte sich mit vielen Spezies fort. Keiner der Sprösslinge trug Celestial-Gene, nur Peter. Offenbar tötete Ego alle anderen, als er erkannte, dass sie seiner Ausbreitung nicht dienlich waren. Als Peter die ganze Wahrheit erfährt, weigert er sich zu helfen.

Baby Groot trägt Rockets **Bombe** zu Egos Kern, ist aber verwirrt, welchen roten Knopf er drücken soll…

WIE KÄMPFT PETER GEGEN EINEN PLANETEN?

Mit Hilfe! Sobald Peter erfährt, dass Ego seine Mutter getötet hat, nimmt er ihn unter Beschuss. Ego bleibt unverletzt und saugt Peter leer wie eine Batterie. Als aber Peters Freunde auftauchen, lenkt er ihn lange genug ab, sodass Baby Groot eine Bombe in Egos Kern zünden und den Celestial töten kann.

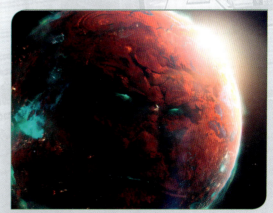

Da der **Planet** rund um Egos Kern ein Fortsatz seines Körpers ist, ist Ego der bei weitem größte Schurke des MCU!

Das Team wirkt jetzt etwas größer ...

WER SIND DIE NEUEN GUARDIANS?

Nebula und Yondu rücken ins Zentrum, und es gibt auch Groot als Baby! Außerdem tritt eine Dame auf, die wie ein Insekt wirkt. Wie kann ich Helden und Schurken unterscheiden?

ALS ERSTES MAL ZU BABY GROOT! IST ES DERSELBE GROOT?

Baby Groot ist dem Topf entwachsen, in den Rocket ihn pflanzte. Jetzt läuft er herum und gerät in Schwierigkeiten! Es ist nicht ganz derselbe Groot wie der ursprüngliche – er hat miese Laune! Man stellt ihn sich besser als Abkömmling des ersten Groot vor, nicht als Wiedergeburt.

WIE STEHT ES MIT DEN ANDEREN?

Nach der Schlacht um Xandar sind die Guardians berühmte Helden. Das Leben ist schön! Sie töten ein ekliges Monster für die außerirdischen Sovereign, wofür sie die von den Sovereign gefangen gehaltene Nebula erhalten – für die die Guardians ein fettes Kopfgeld einstreichen wollen. Aber so glatt läuft es nicht, und Rocket vermasselt alles, indem er die Sovereign bestiehlt. Ihre Anführerin heuert Yondu an, um die Guardians zu jagen. Und natürlich befreit sich Nebula später und verfolgt Gamora ...

„Ich bin Groot."

114

GUARDIANS OF THE GALAXY
VOL. 2

WARUM KÄMPFEN NEBULA UND GAMORA?

Thanos wollte, dass seine Tochter Nebula mit Gamora gleichzieht, also ließ er sie kämpfen. Jedes Mal, wenn Nebula ein Duell verlor, ersetzte er ein Körperteil durch ein Cyborg-Implantat. Nebula sehnte sich nach einer tröstenden Schwester, obwohl sie Gamoras ständige Gewinnsucht verabscheute. Jetzt will sie es ihr einfach heimzahlen!

WAS MACHT SIE NUN?

Nebula verfolgt Gamora zu Egos Welt. Während sie einander fast umbringen, teilt Nebula ihre Gefühle mit. Die beiden klären ihre Differenzen und Nebula hilft im Endkampf. Obwohl Nebula kein Guardian wird, verabschiedet sie sich als Verbündete. Yondu nutzt das Chaos auf Egos Welt auch als Gelegenheit, um mit Peter zu plaudern ...

UND WER IST DIESE INSEKTENDAME?

Ihr Name ist Mantis. Ego fand sie als verwaiste Larve (nicht fragen) und zog sie auf, obwohl er sie eher als Schoßtier sieht. Als Empathin, die die Gefühle Anderer spürt und beeinflusst, lässt sie Ego leichter einschlafen. Sie kennt jedoch sein schreckliches Geheimnis und hilft, ihn zu vernichten.

MERKWÜRDIGES PAAR
Drax und Mantis mögen sich seltsamerweise. Drax sagt, dass er sie hässlich findet, und sie nimmt es als Kompliment!

WAS STECKT HINTER PETER UND YONDU?

Ego heuerte Yondu an, den kleinen Peter aufzusammeln, aber Yondu behielt ihn und zog ihn auf. Yondu scherzte immer, dass die Ravagers Peter essen wollten – was aber nur ein Witz war! Peter war nicht klar, dass Yondu ihn eigentlich liebte. Yondu zeigt, dass er Peters echter Daddy ist, als er ihm seinen Raumanzug gibt und sich für ihn opfert.

THOR:
TAG DER ENTSCHEIDUNG

ÜBERBLICK

Ende 2017 kam der dritte Thor-Film von Regisseur Taika Waititi ins Kino. Dieser wilde, witzige Ritt nahm Thor und das Publikum auf ein episches Gladiatorenabenteuer mit und führte die bedrohliche Hela ein, gespielt von Cate Blanchett.

THOR IN KETTEN
Thor steckt in einem Käfig auf der glühenden Welt Muspelheim. Beim Plausch mit Surtur, der ihn gefangen hält, erfährt Thor vom Schicksal dieses Feuerdämons: Er wird sich mit der Ewigen Flamme verbinden und Ragnarök herbeiführen, das Ende von Asgard. Doch ohne seine Krone ist Surtur machtlos. Thor befreit sich, schlägt ihn und bringt die Krone zur Verwahrung nach Asgard.

HELA KEHRT HEIM
Als Odin stirbt, beansprucht Hela den Thron. Thor und Loki kämpfen gegen sie, doch Hela zermalmt Thors Hammer. Loki will panisch über den Bifröst nach Asgard fliehen, was leider auch Hela dorthin bringt! Die Brüder werden vom Bifröst geworfen. Hela reist nach Asgard weiter, wo sie fast alle Krieger tötet, die sich ihr entgegenstellen. Skurge schließt sich ihr an. Thor landet auf dem Planeten Sakaar und wird von einer mysteriösen Kopfgeldjägerin gefangen genommen.

TREFFEN MIT ODIN
Zurück auf Asgard stellt Thor fest, dass Heimdall durch einen Kerl namens Skurge ersetzt wurde und Loki sich als Odin ausgibt. Thor verlangt, dass Loki ihn zum echten Odin bringt. Sie reisen zur Erde, wo sie (mit einem Abstecher zu Doctor Strange) den sterbenden Odin treffen. Odin erzählt ihnen von ihrer bösen älteren Schwester Hela, die Ragnarök herbeiführen wird.

Hela will über Asgard herrschen, aber sie wird nicht so freundlich empfangen, wie sie es erwartet hat!

KNALLHARTES KOMMANDO
Auf Asgard löscht Hela die königliche Armee aus. Sie holt ihre alte Armee und ihren großen bösen Wolf Fenris aus dem Tod zurück. Heimdall überlebt und rettet einige Zivilisten vor Hela. Auf Sakaar wird Thor zum Anführer gebracht, dem Grandmaster. Er stellt fest, dass sich Loki bereits mit ihm angefreundet hat, seinem Bruder aber nicht hilft. Thor wird zum Gladiatorensklaven.

„Ich bin keine Königin, kein Monster... Ich bin die Todesgöttin!"

HELA

THOR:
TAG DER ENTSCHEIDUNG

HULK GEGEN THOR

Der Grandmaster lässt Thor in der Arena gegen seinen Favoriten antreten … der sich als Hulk entpuppt! Leider mag Hulk seinen neuen Job und will trotz Thor weiterkämpfen. Fast gewinnt Thor den Kampf, bis der Grandmaster ihn elektroschockt, damit Hulk ihn pulverisieren kann.

FREUNDE WIEDER VEREINT

Thor erholt sich und erfährt, dass Hulk nach dem Kampf um Sokovia nach Sakaar kam. Die Kopfgeldjägerin erweist sich als eine Ex-Walküre (Elitekriegerin von Asgard). Als Hulk eine Aufzeichnung von Black Widow sieht, verwandelt er sich in Bruce Banner. Die beiden wollen mit der Walküre und Loki fliehen. Gladiator Korg zettelt zur Ablenkung eine Revolte an, damit Thor das Raumschiff des Grandmasters stehlen kann. Thor vermutet, dass Loki ihn verraten wird, und lässt ihn zurück, aber Loki tut sich mit den Aufständischen zusammen. Thor, Bruce und die Walküre fliehen, während Loki und die Gladiatoren sich ein anderes Raumschiff schnappen.

RAGNARÖK

Thor erreicht Asgard und greift Hela an, aber ohne Mjöllnir fühlt er sich machtlos. Er verliert ein Auge. Odins Geist baut ihn auf, sodass Thors gewaltige Blitzkräfte zünden. Die anderen wollen das Volk auf Lokis Raumschiff evakuieren, während Hulk gegen Fenris kämpft. Thor hat eine Erleuchtung: Hela ist nur durch das Auslösen von Ragnarök zu besiegen. Daher schickt Thor Loki in Odins Schatzkammer, um Surturs Krone zur Ewigen Flamme zu bringen und Surtur zu erwecken. Helas Armee will die fliehenden Asgarder aufhalten, doch sie entkommen. Surtur zerstört Hela und Asgard, während Thor und sein Volk sich zur Erde aufmachen.

Beim Kampf mit Hela erinnert Odins Geist Thor, dass seine wahre Macht im Donner liegt, nicht im Hammer.

DIE GUTEN

THOR
Haare ab und Hammer weg

LOKI
Treu der Untreue, unzuverlässig zuverlässig

HULK (BRUCE BANNER)
Amtierender Champion, liebt Feuerstürme

WALKÜRE
Verfolgt von bösen Erinnerungen

HEIMDALL
Großes Schwert, schöne Augen

KORG
Liebenswerter, bröckelnder Gladiator

DIE BÖSEN

HELA
Ein Rentiergeweih war noch nie so gruselig.

GRANDMASTER
Fast zu lustig, um böse zu sein

Hier scheint es ja lustig zu werden...

WAS IST RAGNARÖK?

Thor sitzt im Käfig, Odin ist verschollen, und Loki trickst wie üblich herum – kommt es zum Familiendrama?

WO IST ODIN?

Auf der Erde! Nach den Ereignissen von *Thor: The Dark Kingdom* hielt Thor Loki für tot, aber das war nur eine weitere Illusion. Loki täuschte seinen Tod vor und verzauberte Odin in Asgard, um ihm den Thron zu stehlen, indem er sich als sein Vater ausgab. Loki verfrachtete Odin ins Altersheim in New York! Als Thor ihn findet, stirbt Odin mit einer Warnung vor Thors Schwester auf den Lippen.

THOR HAT EINE SCHWESTER?

Genau – eine besonders mordlüsterne Schwester namens Hela. Sie war Odins Erstgeborene und hält sich daher für die Thronfolgerin. Die Asgardier waren ursprünglich Eroberer, und Hela half ihrem Vater bei seinen Kriegen. Odin verlor die Kontrolle über Hela, daher sperrte er sie weg.

WARUM IST HELA SO MÄCHTIG?

Hela bezieht ihre Kraft aus dem Reich Asgard. Das macht sie im Kampf nahezu unbesiegbar, und je näher der Heimat sie ist, desto mächtiger wird sie. Wie Thor und Loki herausfinden, ist sie nicht zu bezwingen, solange es Asgard gibt.

Hela

THOR: TAG DER ENTSCHEIDUNG

DANN KANN HELA NICHT STERBEN?

Nicht ganz. Solange es Asgard gibt, ist sie nicht zu schlagen. Aber sollte Asgard zerstört werden, würde Hela vernichtet werden. Das bringt Thor in eine vertrackte Lage – sein Volk lässt sich nur durch die Zerstörung von Asgard retten. Was soll ein Donnergott da machen?

Der **Grandmaster** von Sakaar ist ein unangenehmer und despotischer Zeitgenosse.

UND WAS MACHT THOR NUN?

Er löst Ragnarök aus! Das ist die prophezeite Zerstörung von Asgard durch den Feuerdämon Surtur. Auf Thors Geheiß bringt Loki Surturs Krone zur Ewigen Flamme. Surtur ist wiedergeboren und macht kurzen Prozess mit Hela und Asgard. Thor hat gewonnen! So halbwegs …

Die **Walküre** bietet Thor Feuerschutz gegen Helas tobende Armee.

DIE ARENA

Thors Kampf gegen Hela wird auf dem Planeten Sakaar Nebensache. Er ist gezwungen, als Gladiator in der Arena des Grandmasters gegen Hulk anzutreten.

„Er ist ein Freund, aus der Arbeit!"

THOR ÜBER HULK

BLACK PANTHER

ÜBERBLICK

Im Februar 2018 eroberte der mit Spannung erwartete Film Black Panther die Kinos und ließ das Publikum tiefer in die Welt von Wakanda eintauchen.

SÜNDEN DES VATERS
1992 werden die beiden Wakandaner N'Jobu und Zuri vom jungen König T'Chaka verhört. Er erklärt, dass der Waffenhändler Ulysses Klaue eine Tonne Vibranium gestohlen hat. Auf der Flucht zündete er in Wakanda eine Bombe, die Hunderte tötete. N'Jobu gibt zu, Terroristen Informationen über Wakandas Waffen gegeben zu haben, damit sie Unterdrückten in anderen Ländern helfen können.

KRÖNUNG
Zurück in Wakanda wird T'Challa von den Dora Milaje (seiner Leibwache), Ramonda (seiner Mutter) und Shuri (seiner jüngeren Schwester) empfangen. Ramonda erklärt T'Challa, dass es für ihn an der Zeit sei, König zu werden. Jeder Stamm stellt gewöhnlich einen Vertreter, der um den Thron kämpft, aber als T'Challa antritt, kommt von drei anderen Stämme zunächst nichts. Dann tritt M'Baku, der Anführer des Jabari-Stammes, vor und kämpft mit T'Challa. M'Baku hat anfangs die Oberhand, doch schließlich wendet sich das Blatt und er muss sich ergeben. T'Challa wird zum Sieger erklärt und damit König.

HINTERHALT
Im Nigeria der Gegenwart überfallen T'Challa und Okoye einen Convoy von Kämpfern. Dieser transportiert weibliche Gefangene, unter denen sich auch Nakia versteckt. In seinem Black-Panther-Anzug erledigt T'Challa die Kämpfer und befreit zusammen mit Nakia und Okoye die Gefangenen. T'Challa erzählt Nakia, die eine Weile nicht in Wakanda war, das sein Vater T'Chaka tot ist.

Hohepriester Zuri bereitet T'Challa für den Kampf um den Thron von Wakanda vor.

MUSEUMSRAUB
In London ziehen Erik Killmonger und Ulysses Klaue einen Raub im Britschen Museum durch und stehlen aus der Ausstellung einen wakandanischen Vibraniumhammer. Als Okoye, T'Challa, Ramonda und die Ältesten davon erfahren, will T'Challa ein Team anführen, das Klaue zur Verantwortung zieht. Technikgenie Shuri demonstriert, was T'Challas neue Black-Panther-Anzüge alles können.

> „Du bist ein guter Mann mit einem guten Herzen. Und es ist schwer für einen guten Mann, ein König zu sein."
>
> T'CHAKAS GEIST ZU T'CHALLA

BLACK PANTHER

KAMPF IN BUSAN

T'Challa, Okoye und Nakia folgen Klaue nach Korea und besuchen ein Casino, in dem er das Vibranium an die CIA verkaufen will. T'Challa warnt den Leiter der CIA, Everett Ross, dass er Klaue in wakandianische Haft nehmen wird, aber Ross will den Deal nicht abblasen. Klaues trifft mit seiner Gang ein und es kommt zum Kampf zwischen ihm und T'Challa, gefolgt von einer Autojagd durch Busan. Panther erwischt Klaue. Dieser wird zur Befragung in ein Safehouse der CIA gebracht, wo Ross ihn verhört. Killmonger taucht auf und befreit Klaue. Ross wird schwer verletzt.

STURZ DES PANTHERS

In ihrem Labor in Wakanda kümmert Shuri sich um Ross, der sich wundert, dass seine Wunden schon fast verheilt sind. Ross klärt alle über Killmongers Fähigkeiten als Elitekämpfer auf. Killmonger trifft in Wakanda ein und wird zu den Ältesten geführt. Er sagt, er wolle König werden und Wakandas Gaben zum Wohle anderer in der Welt nutzen, die weniger gesegnet sind. T'Challa nimmt Killmongers Herausforderung an, doch dieser betrügt heimlich und wird zum König gekrönt. Killmonger tadelt die Wakandaner dafür, dass sie ihre Technologie nicht einsetzen, um Fremden zu helfen. In jedes Land der Erde will er Abgesandte schicken, die Unterdrückte mit Vibraniumwaffen versorgen. In den Bergen versorgen Jabari-Heiler derweil den besiegten T'Challa. Als er von Killmongers Plänen erfährt, die ganze Welt auf den Kopf zu stellen, schwört er, den Schurken aufzuhalten.

FINALER KAMPF

Black Panther fordert Killmonger heraus und Okoye offenbart, dass sie in Wahrheit zu T'Challa steht. Die Dora Milaje gehen auf Killmonger los und Shuri, Nakia und M'Baku schließen sich an. Killmonger und Black Panther liefern sich einen heftigen Kampf und stürzen in einen Minenschacht. Das Duell geht unter der Erde weiter – auf Magnetschwebebahnen, die durch die weit verzweigte Anlage rasen. Am Ende siegt T'Challa!

Unter der Erde kämpfen T'Challa und Killmonger in einer Vibraniummine um Wakandas Zukunft.

DIE GUTEN

BLACK PANTHER (T'CHALLA)
Neuer König von Wakanda

NAKIA
Undercoverkämpferin, T'Challas Retterin

OKOYE
Anführerin der Dora Milaje, knallhart

SHURI
Kleine Schwester, heller Funke

M'BAKU
Jabari-Stammesführer, erst Gegner, dann Freund

EVERETT ROSS
CIA-Agent, Tourist in Wakanda

DIE BÖSEN

ERIK KILLMONGER
Thronräuber mit passendem Namen

ULYSSES KLAUE
Hinterhältiger Ganove, Vibraniumdieb

Okay, Black Panther kommt von dort, aber ...

WAS IST SO BESONDERS AN WAKANDA?

Das scheint ein echt tolles Land zu sein! Alles ist sehr hoch entwickelt und sie haben coole technische Spielereien. Offenbar hat das etwas mit diesem Vibranium zu tun?!

WAS IST VIBRANIUM?

Wie dir vielleicht aufgefallen ist, ist dieses extrem seltene Metall schon ein paarmal im MCU aufgetaucht. Caps Schild und Visions Körper bestehen daraus. Es ist nahezu unzerstörbar und wird zum Bau fortschrittlicher Technik benutzt. Vibranium findet man fast nur in Wakanda, weshalb das Land sehr reich und hoch entwickelt ist (aber auch gut vor dem Rest der Welt verborgen).

WO LIEGT WAKANDA?

Im MCU wird Wakandas genaue Lage nie beschrieben. Es ist aber wohl ein kleines Binnenland in Afrika. Angesichts des feuchten Klimas dürfte es relativ nah am Äquator liegen.

WARUM DIE GANZE GEHEIMNISTUEREI?

Die Wakandaner fürchten, dass der Rest der Welt ihnen ihren Reichtum und die Technik nicht gönnt. Es ist leichter, das alles zu verheimlichen!

T'Challa auf dem Thron

BLACK PANTHER

WER SIND DIESE FURCHTERREGENDEN KRIEGERINNEN IN ROT?

Das sind die Dora Milaje. Sie sind ein eindrucksvoller Orden von Elitekämpferinnen, die als Black Panthers Leibwache dienen. Angeführt werden sie von einer Kriegerin namens Okoye.

ALLES KLAR! IST AN WAKANDA SONST NOCH ETWAS BESONDERS?

Aber sicher doch! Black Panther erhält einen Trank, der aus einer eigenartigen, als „herzförmiges Kraut" bekannten Pflanze gewonnen wurde. Sie wächst nur in Wakanda und verleiht Black Panther übermenschliche Superkräfte wie größere Geschwindigkeit, enorme Kraft und Beweglichkeit.

Die **Dora Milaje** erkennt man an ihrem stylischen Auftreten: rote Kampfrüstung, kahl rasierte Köpfe und Vibraniumspeere.

Ins **Land der Ahnen** gelangt man durch Einnahme eines Tranks. T'Challa kann so mit dem Geist seines Vaters sprechen.

Wer ist Killmonger?

Erik Killmonger ist ein Elitesoldat und Attentäter. Er ist auch recht schlau und hat am MIT studiert! Er denkt, dass sich in Wakanda einiges ändern muss – und er selbst will sich darum kümmern. Dafür muss er König werden!

KILLMONGERS OUTFIT
Nicht nur Black Panther trägt einen coolen Anzug – Killmonger auch!

ALLES STARTKLAR FÜR...

MARVEL AVENGERS INFINITY WAR

Aus dem Kosmos ist eine neue Gefahr aufgetaucht: Thanos, ein rücksichtsloser Krieger, will alle Infinity-Steine an sich bringen! Mit seinen starken Verbündeten hat er das Ziel nahe vor Augen. Die Avengers, die Guardians of the Galaxy, Doctor Strange und Spider-Man müssen ihre Kräfte vereinen und Seite an Seite kämpfen, um Thanos aufzuhalten. Das Schicksal der Erde und des Universums hängt davon ab!

REGISTER

Haupteinträge sind **gefettet**.

A
Aether 21, 66, 67, 69, 83
Al-Wazar, Raza Hamidmi 30, 31, 35
Ant-Man 11, 13, 15, 17, 101, 102, 105
  Ant-Man 8, 16, 19, 21, 59, **94–97**
  siehe auch Lang, Scott
  siehe auch Pym, Hank
Asgard 42, **45,** 47, 66, 67, 68, 91, 116, 117, 118, 119
Auge von Agamotto 83, 107, 109
Avengers 10, 20
  Avengers: Age of Ultron 11, 14, 19, 21, 55, 59, **84–93**
  Marvel Studios' Avengers: Infinity War 14, 19, 99, **124–125**
  Marvel's The Avengers 14, 18, 20, 23, **48–57**
  The First Avenger: Civil War 100–105

B
Banner, Bruce 20, 48, 49, 50, **54–55,** 84, 85, 86, 91, 117
  siehe auch Hulk
Barnes, „Bucky" 21, 24, 25, 27, 59, 73, 74–75, 100–101, 102, 104
  siehe auch Winter Soldier
Barton, Clint 53
  siehe auch Hawkeye
Bifrost-Brücke 42, 43, 47, 66, 67, 116
Black Panther 11, 15, 17, 100, 101, 102, **104**
  Black Panther 19, 99, **120–123**
  siehe auch T'Challa
Black Widow 11, 12, **23,** 39, 73, 75, 85, 101, 102, 117
  Iron Man 2 36, 37, 39
  Marvel's The Avengers 48, 49, 50, 51, 53, 54, 55
  siehe auch Romanoff, Natasha

C
Captain America 11, 15, 20, 23, 45, 92
  Captain America: The First Avenger 16, 18, 20, **24–29**
  Marvel's The Avengers 48, 50, 53, 55, 56
  The First Avenger: Civil War 14, 16, 19, 21, 98, **100–105**
  The Return of the First Avenger 18, 21, 59, **72–77**
  siehe auch Rogers, Steve
Carter, Peggy 24, 25, **27,** 52, 53, 94
Carter, Sharon **53,** 100, 101

Chitauri 17, 48, 49, 51, 55, 56, 57, 63, 86, 89
Cho, Dr. Helen 85, 87, 90
Collector 21, 67, 78, 81, 83
Coulson, Agent Phil 20, 31, 42, 49, 50, 51, 53
Cross, Darren 94, 95, 97
  siehe auch Yellowjacket

D
Destroyer 42, 43, 47
Doctor Strange 11, 12, 15, 17, 116
  Doctor Strange 14, 19, 21, 99, **106–109**
Dora Milaje 120, 121, 123
Dormammu 107, 108, 109
Drax 78, 79, 81, 110, 111
Dunkelelfen 66, 67, 68, 71
Dunkle Dimension 107, 108, 109

E
Ego 99, 110, 111, **112–113,** 115
Erskine, Dr. Abraham 24, 25, 26–27, 28, 29
Extremis 60, 61, 64, 65

F
Falcon 11, 13, 17, 21, 73, 77, 102
  siehe auch Wilson, Sam
Foster, Dr. Jane 42, 43, 46, 47, 59, 66–67, 69, 71
Frigga 44, 66, 67, 69, 70, 71
Frostriesen 42, 43, 44, 46, 70
Fury, Nick 20, 25, 37, 85, 87
  Marvel's The Avengers 48, 49, 50, 51, 52
  The Return of the First Avenger 72, 73, 75, 77

G
Gamora 78, 79, 80, **81,** 82, 110, 111, 114–115
Grandmaster 21, 116–17, **119**
Groot 13, 21, 78, 79, 80, 81, 110, 111, 113, 114
Guardians of the Galaxy 10, 11, 15, 17
  Guardians of the Galaxy 18, 21, 59, **78–83**
  Guardians of the Galaxy Vol. 2 19, 21, 99, **110–115**

H
Hammer, Justin 36, 37, 41
Hansen, Maya 60, 61, 64
Hawkeye 11, 48, 50, 53, 85, 101, 102
  siehe auch Barton, Clint
Heimdall 43, 47, 66, 116, 117
Hela 45, 99, 116, 117, **118–119**
Helicarrier 48, 50, 55, 56, 72, 73, 77
Ho, Dr. Yinsen 30, 31, 34

Hogan, Happy 31, 37, 60, 61, 62
Hulk 11, 13, 84, 85, 86, 93, 117, 119
  Der unglaubliche Hulk 18, 20, 54
  Marvel's The Avengers 48, 49, 51, **54–55,** 57
  siehe auch Banner, Bruce
Hydra 53, 84, 86, 88, 94, 100
  Captain America: The First Avenger 24, 25, 27, **28–29**
  The Return of the First Avenger 73, 74, 75, 76, 77

I
Infinity-Handschuh 21, 83, 85
Infinity-Steine 29, 78, 79, **83,** 85, 87, 89, 90, 91, 99, 109
Iron Legion 86, 88
Iron Man 11, 12, 19, 85, 98, 103, 104
  Iron Man 16, 18, 20, 23, **30–35,** 62
  Iron Man 2 18, 20, 23, **36–41**
  Iron Man 3 18, 20, 58, **60–65**
  Marvel's The Avengers 48, 49, 50, 51, 53

J
JARVIS 60, 63, 84, 85, 86, 90, 91
Jotunheim 45, 46, 47

K
Kaecilius 106, 107, 109
Kampf um New York 8, 14, 55, **56–57,** 60, 63, 66
Kampf um Sokovia 14, **92–93,** 117
Killian, Aldrich 60, 61, **64–65**
Killmonger, Erik 120, 121, **123**
Klaue, Ulysses 84, 120, 121
Konvergenz 66, 68, 69

L
Lang, Cassie 94, 95
Lang, Scott 59, **94–97,** 101
  siehe auch Ant-Man
Laufey 42, 43, 70
Lewis, Darcy 42, 45, 67
Loki 20, 21, 23, 84, 86
  Kampf um New York 56, 57
  Marvel's The Avengers 48, 49, 50, 51, 53, 54, 55
  Thor 42, 43, 44, 46, **47**
  Thor: The Dark Kingdom 59, 66, 67, 69, **70–71**
  Thor: Tag der Entscheidung 116, 117, 118

M
Malekith 66, 67, **68–69**
Mandarin 35, 60, 61, **62,** 63, 65
Mantis 111, 115
  Marvel's The Avengers 8, 14, 18, 20, 23, **48–57**

126

Marvel Studios' Avengers: Infinity War 8, 14, 19, 99, **124–125**
Maximoff, Pietro 86, 87, **88–89**, 93
 siehe auch Quicksilver
Maximoff, Wanda 86, 87, 88–89, 91, 93, 100
 siehe auch Scarlet Witch
M'Baku 120, 121
Mjöllnir 42, 43, **45**, 46, 87, 91, 93, 116
Mordo, Karl 21, 106, 107

N
Nakia 120, 121
Nebula 79, 82, **83,** 110, 111, 114–15
Neun Reiche 45, 47, 66, 68, 71

O
Odin: *Thor* 42, 43, 44, 45, 46, 47
 Thor: The Dark Kingdom 67, 70, 71
 Thor: Tag der Entscheidung 116, 117, 118
Okoye 120, 121, 123
Orb 78, 79, 81, 82, 83

P
Palmer, Dr. Christine 106, 107
Pangborn, Jonathan 21, 106
Parker, Peter 17, 21, 101, **105**
 siehe auch Spider-Man
Pierce, Alexander 72, 73, 76–77
Potts, Pepper 31, 36, 37, 38–39, 58, 60, 61, 63, 65
Projekt Insight 72, 77
Projekt: Wiedergeburt 26, 27
Pym, Hank 15, 17, 21, 94–97
 siehe auch Ant-Man
Pym-Partikel 94, 96, 97

Q
Quicksilver 12, 17, 21, 84, 85, 86, 87, 88, **89**
 siehe auch Maximoff, Pietro
Quill, Meredith 110, 113
Quill, Peter 78, 79, 80, 81, 110, 111, 112–13, 115
 siehe auch Star-Lord

R
Ramonda 120
Red Skull 25, **28–29,** 53, 74
 siehe auch Schmidt, Johann
Rhodes, „Rhodey" 30, 31, 36, 37, **40–41,** 61, 65, 101
 siehe auch War Machine
Rocket 78, 79, **80,** 81, 110, 113, 114
Rogers, Steve 23, 24, 25, **26–27,** 53, 100
 siehe auch Captain America
Romanoff, Natasha 37, 39, 53, 55, 72, 73, 76, 77
 siehe auch Black Widow

Ronan 78, 79, 81, 82, 83
Ross, Everett 121
Rumlow, Brock 53, 72, 73, 100, 101

S
Scarlet Witch 10, 11, 17, 21, 84, 85, **89,** 92, 102
 Avengers: Age of Ultron 86, 87, 88, 89
 siehe auch Maximoff, Wanda
Schmidt, Johann 24, 25, **28–29**
 siehe auch Red Skull
Selvig, Dr. Erik 20, 42, 43, 48, 49, 50, 51, 53, 67
S.H.I.E.L.D. 14, 25, 27, 42, **56–57,** 59, 92, 94, 103
 The Return of the First Avenger 72, 73, 76, 77
 Marvel's The Avengers 48, 50, **52–53,** 56–57
 Technologie 16
Shuri 120, 121
Sif 21, 42, 43
Spider-Man 13, 17, 101, 102, **105**
 siehe auch Parker, Peter
Spiegeldimension 106, 107, 109
Stane, Obadiah 30, 31, 33
Star-Lord 21, 79, **80,** 81, 83, 99
 siehe auch Quill, Peter
Stark, Howard 16, 17, 25, 37, 39, 52, 94
Stark, Tony 10, 11, 15, 16, 20, 22, 23, **32–33,** 58, 84, 86
 Kampf um New York 57, 60, 63
 Marvel's The Avengers 50, 55, 57
 The First Avenger: Civil War 100, 101, 103, 105
 und Ultron 88, 91, 102
 siehe auch Iron Man
Stark Industries 16–17
Stark Tower 15, 17, 49, 51
Strucker, Baron 84, 86, 88
Superhelden 10–11, 15
Superkräfte 10, **12–13**
Supersoldaten-Programm 24, 26–27, 28, 54
Surtur 116, 117, 119
Svartalfheim 45, 66, 67, 69, 71

T
T'Chaka 120
T'Challa 100, 101, **104,** 105, 120, 121, 122, 123
 siehe auch Black Panther
Technologie 16–17
The Ten Rings 17, 30, 31, 32, 33, 34, 35, 62, 65
Tesserakt 20, 24, 25, 29, 83
 Marvel's The Avengers 48, 49, 50, 51, 53, 54
Thanos 14, 20, 21, 85, 99, 115
 Avengers: Age of Ultron 87, 89, 90, 91

Guardians of the Galaxy 78, 79, 81, 82, 83
 Marvel's The Avengers 48, 49, 50, 51, 53, 57
Thor 10, 11, 15, 17
Thor 18, 20, 23, **42–47**
Thor: The Dark Kingdom 18, 21, 59, **66–71**
Thor: Tag der Entscheidung 19, 21, 71, 99, **116–119**

U
Udonta, Yondu 78, 79, 80, **81,** 110, 111, 114, 115
Ultron 15, 57, **84–91,** 92, 93, 102

V
van Dyne, Hope 21, 94, 95, 97
 siehe auch Wasp
Vanko, Anton 37, 39
Vanko, Ivan 36, 37, 39, 41
Vibranium 84, 86, 87, 90, 104, 120, 121, 122, 123
Vision 10, 11, 13, 45, 83, 85, 87, **90–91,** 92, 93, 102

W
Wakanda 14, 15, 17, 21, 99, 104, **105,** 120, 121, 122–23
War Machine 11, 23, 37, **40–41,** 65, 92, 102, 105
 siehe auch Rhodes, „Rhodey"
Wasp 21, 95, 97
 siehe auch van Dyne, Hope
Wilson, Sam 72, 73, **76,** 77, 100, 101
 siehe auch Falcon
Winter Soldier 21, 72, 73, **74–75,** 77, 100, 101, 102, 105
 siehe auch Barnes, „Bucky"
Wong 106, 107

X, Y, Z
Xandar 78, 79, 80, 82, 114
Yellowjacket 94, 95, 97
 siehe auch Cross, Darren
Zemo, Helmut 100, 101, 102
Zola, Dr. Arnim 24, 25, 29, 73, 74, 75, 76, 77

127

DK dankt Kevin Feige, Louis D'Esposito, Victoria Alonso, Stephen Broussard, Eric Carroll, Craig Kyle, Jeremy Latcham, Nate Moore, Jonathan Schwartz, Trinh Tran, Brad Winderbaum, Brian Chapek, Mary Livanos, Zoie Nagelhout, Kevin Wright, Mitch Bell, David Grant, Dave Bushore, Sarah Beers, Will Corona Pilgrim, Corinna Vistan, Ariel Gonzalez, Adam Davis, Eleena Khamedoost, Cameron Ramsay, Kyle Quigley, Michele Blood, Jacqueline Ryan, David Galluzzi, Ryan Potter, Erika Denton, Jeff Willis, Randy McGowan, Bryan Parker, Percival Lanuza, Vince Garcia, Matt Delmanowski, Alex Scharf, Jim Velasco und Andrew Starbin von Marvel Studios; Nick Fratto, Caitlin O'Connell, Jeff Reingold und Daniel Schoenfeld von Marvel; Chelsea Alon, Elana Cohen, Stephanie Everett und Kurt Hartman von Disney; Cefn Ridout für redaktionelle Unterstützung; Tim Quince für Unterstützung beim Design und Vanessa Bird für das Register.

Lektorat Ruth Amos, David Fentiman, Matt Jones, Sadie Smith, Julie Ferris, Simon Beecroft
Gestaltung und Bildredaktion Robert Perry, Ian Midson, Jon Hall, Lisa Sodeau, Gary Hyde, Vicky Short, Dan Crisp, Lisa Lanzarini
Herstellung Jennifer Murray, Mary Slater

Für die deutsche Ausgabe:
Programmleitung Monika Schlitzer
Projektbetreuung Christian Noß
Herstellungsleitung Dorothee Whittaker
Herstellungskoordination Arnika Marx
Herstellung Bettina Bähnsch

Titel der englischen Originalausgabe:
MARVEL Studios All Your Questions Answered

© Dorling Kindersley Limited, London, 2018
Ein Unternehmen der Penguin Random House Group
Alle Rechte vorbehalten
Seitengestaltung © 2018 Dorling Kindersley Limited

© der deutschsprachigen Ausgabe by
Dorling Kindersley Verlag GmbH, München, 2018
Alle deutschsprachigen Rechte vorbehalten
1. Auflage, 2018

© 2018 MARVEL

Jegliche – auch auszugsweise – Verwertung, Wiedergabe, Vervielfältigung oder Speicherung, ob elektronisch, mechanisch, durch Fotokopie oder Aufzeichnung, bedarf der vorherigen schriftlichen Genehmigung durch den Verlag.

Übersetzung Simone Heller, Marc Winter

ISBN 978-3-8310-3533-5

Druck und Bindung L.E.G.O. S.p.A., Italien

www.dorlingkindersley.de